JN094206

基礎からの「Linuxカーネル」

Linuxの概要から
トラブルの調査検証まで

はじめに

　Linuxにおいてカーネル寄りの話になると、あれもこれもよく分からずにパニックになることが誰しもあることでしょう。私もそうです。本書では、そうした悩みを解決します。

　私は、Linuxカーネルのことを勉強しようとした場合、何から手を付けていいか、まったく分かりませんでした。簡単にできるはずの組み込みLinuxのパッケージ管理ができずに、仕事で迷惑をかけたこともありました。Linuxカーネルの不具合修正の意味がまったく理解できないこともありました。だから、読者の気持ちもよく分かります。

　この本を読むことで、まったく分からないことが少しでも理解できるようになります。
　私は20年以上の歳月をかけてLinuxカーネルに取り組んできました。私が苦労してきた苦い経験をもとに知識とノウハウを書いてあるからです。

　Linuxカーネルを理解するには、自分の手で環境構築を行ない、ソースコードを読み込む必要がありますが、そのやり方について丁寧に解説をしています。

　本書を読むことで、Linuxカーネルに対する疑問点がクリアになり、理解が進んでいくことでしょう。20年が過ぎた今でも、私は日々Linuxについて学んでいます。終わりがない学習ではありますが、読者といっしょに楽しく勉強していきたいと思います。これからも、ずっと。

2024年　平田豊

基礎からの「Linuxカーネル」

Linuxの概要から
トラブルの調査検証まで

CONTENTS

CONTENTS

Linuxカーネルの基本

第1章

本章では、Linuxカーネルの基本について話していきます。

そもそもLinuxとはなにか、Linuxカーネルとは何なのか、そしてLinuxカーネルを学ぶにはどうすればいいかについて説明をします。

私はLinuxカーネルを学び始めて、かれこれ20年以上が過ぎましたが、いまだによく分からないことがたくさんあります。

Linuxカーネルは常に進化をしているので、次から次へと新しい機能や概念が登場し、もはや、ひとりの人間が学ぶスピードでは到底追いつけるものではありません。

それでも、基本的な考え方を理解することで、「何も分からない」から「少しずつ理解できる」に変わっていきます。

どう頑張ってもできないことは「Linuxカーネルのすべてを理解する」です。そのような神の所業はChatGPTのようなAIに任せておけばよいでしょう。

1.1
Linuxとはなにか

LinuxはOS(オペレーティングシステム)のことで、日本でのLinuxの読み方は「リナックス」です。昔、日本でLinuxが流行したときは、まだ読み方が統一されておらず、「リヌクス」や「ライナックス」などの読み方もありました。

私がちょうど新社会人になってからすぐのことだったので、かれこれ20年以上前のことになります。当時はただの流行で終わるとも言われていましたが、世の中にここまで浸透するとは思ってもみませんでした。

ただ、IT業界で働いている人にとってはLinuxに馴染みがあると思いますが、そうではない人にはピンときません。

普段使っているパソコンではMicrosoftのWindowsがOSとして採用されていることが大多数で、Macを使っている人たちもいることでしょう。

業務用PCでLinuxを採用しているところは、日本ではあまり聞いたことがないので、一般人にとって「Linuxに馴染みがない」は、ある意味正しいともいえます。

1.2
Linuxはどんなところで使われているか

Linuxが世の中のいろいろなところで活用されているのですが、一般的には目の見えないところで使われていることが多いです。そのため、一般人からみれば「Linuxに馴染みがない」という見え方になるわけです。

ここでは、Linuxがどんなところで使われているかを、いくつか紹介します。

1.2.1 サーバOS

Linuxは、**サーバのOS**として採用されています。

サーバというのは24時間365日稼働することを前提とした装置のことで、インターネットの向こう側で提供されるサービスに必要なものです。

Linux以外には、WindowsもサーバOSとして使われており、かつては商用UNIXとしてHP-UXやSolarisも定番でしたが、もうそろそろお役御免かなと思います。

サーバOSといっても、パソコンで使うOSと見た目は違いがないように見えるかもしれません。実際、Windowsにしろ、Linuxにしろ、ベースとなる実装は同じですが、サーバ向けにカスタマイズがしてあります。

業務で使うパソコンであれば、OSの安定性はあまり必要ではなく、1日のうち8時間は正常に稼働してくれればよいわけです。ときどき、OSの動作がおかしくなることがあっても、リセットして復旧して業務が再開できれば、あまり困りません。

ところが、サーバOSではそうはいきません。OSの動作が不安定になると、サービスへ影響が出てしまいます。

品質は絶対であるべきです。そのため、ハードウェアも含めて安定化のための施策が適用されています。

外から見た場合、サーバOSに何が使われているかは分からないですが、サーバ関係の業務に関わるようになった場合、そこでLinuxが出てくることはあると思います。

1.2.2 ファームウェアのOS

組み込み機器を制御するソフトウェアのことを**ファームウェア**(firmware)と言います。「組み込みソフトウェア」や「制御ソフトウェア」という呼び方もあります。

ファームウェアには、OS が搭載されていない「OS レス」があり、リモコンなどの小さな機器は、OS まで搭載できるハードウェアスペックがないので、OS レスのファームウェアになります。

OS が搭載されるファームウェアの場合、**RTOS**(リアルタイムOS)と呼ばれるOS が採用されることがあり、炊飯器や洗濯機などの家電ではRTOS が採用されていると言われています。

RTOS は、基本的に1つのメモリ空間で、一枚岩で動作し、マルチスレッドによるタスク管理を行ないます。割り込みの応答性もよく、まさしくリアルタイム性が要求される案件では、RTOSの採用は必須となります。

そして、ファームウェアのOSとしてLinuxが採用される案件も増えてきました。

Linux はとにかく機能が豊富であること、オープンソースなのですべてのソースコードが開示されていることから、組み込み分野でも人気のあるOSとなっています。

GoogleのAndroidスマホは、OS がLinux です。私が使っているPixel7では、「設定」の「デバイス情報」の「Androidバージョン」で、Linuxカーネルのバージョンを確認することができます。

図 1.1 Google PixelのLinuxバージョン

　組み込み機器のファームウェアのOSが何であるかは、通常わからないのですが、機器の電源を入れて5秒で、機器が使える状態になるならば、OSレスやRTOSが使われています。

　この時間が30秒や1分かかる場合は、Linuxが使われている可能性が非常に高いです。組み込みLinuxの欠点として、ファームウェアの起動が遅いというのがあります。この起動時間を短縮するノウハウもいろいろあるので、そういったノウハウを取り入れている場合は、短時間で起動する製品もあります。

1.3
Linuxカーネルとはなにか

　LinuxがOSの名前であるとして、Linuxカーネルとはいったい何なのでしょうか？

　その答えを理解するには、LinuxというOSの構成要素を知る必要があります。ざっくりとしたものですが、下図に構成図を示します。

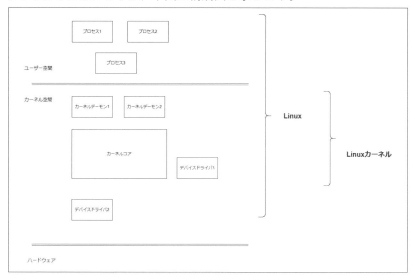

図 1.2　Linuxの構成要素

　OSの役割の1つに「ハードウェアを制御する」があるので、図にはハードウェアを記載していますが、ハードウェア自体はOSには含まれません。

　通常、パソコンやサーバに搭載するメモリ (SDRAM) はOSが動作するために必要であることは当たり前のことなのですが、その物理的なメモリをOSがどう論理的に使うかは、OSの設計次第です。

　Linuxではメモリ空間を**ユーザー空間 (User space)** と**カーネル空間 (Kernel space)** に分けています。これはOSの安定性を高めて、システムを堅牢にするための施策です。商用UNIXやWindowsでも同様です。

　Linuxでユーザーが使うアプリ (プロセス) はユーザー空間で動きます。たとえば、lsコマンドを実行すると、コマンドがユーザー空間のプロセスとして生成されて、コマンドが実行されます。実行後はコマンドが終了するので、プロセスは破棄されます。Linuxはマルチタスクに対応したOSなので、複数のプロセスを同時に動かすことができます。
　Linuxで動作中のプロセスはpsコマンドで分かります。

```
# ps aux
USER          PID %CPU %MEM     VSZ    RSS TTY      STAT START   TIME COMMAND
root            1  0.0  0.2  169280  13092 ?        Ss   18:15   0:02 /sbin/
init
root            2  0.0  0.0       0      0 ?        S    18:15   0:00
[kthreadd]
root            3  0.0  0.0       0      0 ?        I<   18:15   0:00 [rcu_gp]
...
...
yutaka       3009  0.0  0.1    9584   4992 pts/0    R+   21:59   0:00 ps aux
```

　ちなみに、psは「Process status」の意味で、psコマンドを実行した瞬間のプロセスの状態を表示します。上記の出力結果でいうと、「STAT」という列がステータスに該当します。
　ただ、psコマンドはSTAT列以外にもあります。それが原因なのかどうかはわかりませんが、Linuxのmanページでは「report a snapshot of the current processes.」という説明になっています。HP-UXでは「report process status」です。Linuxのmanページではニュアンスを広げたのだろうと思われます。

　さて、話が横にそれましたが、ユーザー空間で動くプロセスは、そのプロセス内にメモリが閉じている状態です。そのため、プロセスが不具合か何かで、

11

不正なメモリアクセスを行なった場合、そのプロセスは SIGSEGV(セグメンテーション・フォルト) で強制終了となる可能性があります。しかし、他のプロセスに影響を与えることがないので、OS そのものは平常運転を継続します。

このようなメモリ管理のしくみを仮想メモリ (Virtual Memory) と言います。ユーザー空間で動くプロセスは仮想メモリ空間で動作するので、仮にプロセスが暴走しても、悪影響を封じ込めることができるというわけです。

さきほどの ls コマンドの結果でいえば、COMMAND 列にある「/sbin/init」と「ps aux」の 2 つが、ユーザー空間で動作しているプロセスに相当します。init デーモン (/sbin/init) の場合、VSZ(Virtual memory size) の列に 169280 という値があります。単位は KB(1024byte) なので、約 165MB になりますが、この値はプロセスに割り当てられている仮想メモリ容量です。

```
[PowerShellで計算できる]
PS yutaka> 169280 * 1KB
173342720
PS yutaka> (169280 * 1KB) / 1MB
165.3125
```

VSZ の右隣にある RSS(Resident set size) は 13092 で、こちらも単位が KB なので、約 12MB になります。この値は、実際にプロセスが使っている物理的なメモリ容量です。通常、「VSZ > RSS」という関係になります。

init デーモンはプロセスとして 165MB のメモリを要求して動作をしています。ただ、プログラムを動作させるために最初から 165MB のメモリが必要というわけではないので、仮想メモリとしての割り当てが 165MB という意味です。そして、実際にプロセスからメモリアクセスが行なわれたタイミングで、物理メモリ (SDRAM) から必要な分だけメモリを割り当てます。

上記の例では、init デーモンは仮想メモリが 165MB ではありますが、実際には 12MB の物理メモリ容量で動いている、ということが言えます。

165MB も要求しておいて、たったの 12MB しか使っていなくて、残りの 153MB は無駄ではないのか、と思うかもしれません。

しかし、init デーモンが稼働を続けて、さまざまな動作をしていくことで、物理メモリの割り当てが増えていく可能性があります。物理メモリの割り当て

がどんどん増えていくと、「VSZ＝RSS」の関係に近づいていき、マシンの物理メモリの空き容量が足りなくなると、物理メモリの割当に失敗します。そうした場合、initデーモンというプロセスは強制終了させられるか、Linux特有のOOM Killerという動作が発動して、さまざまなプロセスが強制終了させられることになります。

＊

　カーネル空間は、OSの中核となるLinuxカーネルコアが動作するメモリ空間のことです。カーネル(Kernel)は核の意味です。カーネル空間ではさまざまな処理が行なわれており、それらはすべてメモリ空間としては共有しています。

　そのため、カーネル空間内のどこかの処理が1つでも誤動作を起こすと、他の処理にまで悪影響を与える可能性があり、OSごとクラッシュしてしまいます。

　よって、カーネル空間で動作するプログラムには非常に高い品質が求められます。

　前述した図においては、「カーネルデーモン」という項目がありますが、これはいったいなんでしょうか？

　カーネル内で生成されたスレッドのことで、カーネルスレッドとも呼びます。ユーザー空間でいうところのプロセスとは、まったく意味合いが異なるので、単純に別物だと考えてもらえばよいです。カーネルデーモンはカーネル空間において、定期的および不定期に何らかの処理を行なうモジュールです。

　このカーネルデーモンは、実はpsコマンドから存在がみえます。前述したpsコマンドの出力結果でいえば、kthreaddとrcu_gpが該当します。見分け方としては、VSZとRSSがゼロになっていることです。また、COMMAND列が角括弧([])で囲まれていることも特徴です。

　デバイスドライバというのはI/Oデバイス(ハードウェア)を制御するモジュールのことです。カーネルモジュールという呼び方をすることもあります。デバイスドライバの実装はカーネルコアに同梱されている場合もあれば、そうではない場合もあるので、図では意図的に位置を分けて書いています。

＊

　少し話が長くなりましたが、Linuxというと通常はユーザー空間とカーネル空間の両方で動くプログラム全体を指します。Linuxカーネルという場合は、カーネル空間で動くプログラムのことですが、デバイスドライバまで含むかどうかは文脈によります。

1.4
オープンソースとライセンス

　本節では、Linuxを語る上では外せない、オープンソースとライセンスについてお話をします。

1.4.1　ソースコード

　アプリもOSもソフトウェアなので、ソースコード（テキストファイル）をビルドすることで実行プログラム（バイナリファイル）を作ります。例外として、bashやPythonなどのスクリプトは、ソースコードがそのまま実行できるのですが、これはインタープリターが内部で逐一実行プログラムに変換しているからです。CPUが理解できるのは機械語（マシン語）なので、かならずソースコードから変換をする必要があるということです。

　さて、企業での業務開発の場合、このソースコードというものは機密情報の塊であり、莫大なお金をかけて作ったものなので、一般的にはソースコードを外部に公開することはなく、内部で厳重に管理されます。もし、ソースコードを誤って、もしくは故意に外部へ流出させると、法的責任を問われることになります。「ごめんなさい」と謝って済む程度の問題ではないのです。

　記憶に新しいところの事件でいうと、かれこれ3年前になりますが、2021年1月に三井住友銀行（SMBC）のシステムのソースコードがなぜかGitHub（ギットハブ）にアップロードされていて、インターネットに公開されてしまっていたということがありました。こういうのは、すぐにSNS（特にX/Twitter）で拡散されるので、あっという間に日本中、いや世界中にニュースとして流れてしまいます。

　ちなみに、このソースコードを流出させた方は開発に携わっていたエンジニアであり、雇用先から解雇された上、損害賠償金を700万円払うことになったそうです。

　しかし、不思議なのはどうやってソースコードを外に持ち出したかです。
通常、大企業であれば、外部に持ち出せないしくみがシステムとして確立さ

れています。業務パソコンにUSBメモリなどのストレージを挿した瞬間に、通報があがり、社内は大騒ぎとなります。メールに添付して外部に送信したとしても、社内のインフラ部門がメールの内容をチェックします。

さすがに、社内でソースコードをプリンターで紙に印刷して、こっそりカバンに入れて紙を持ち帰ったということはないでしょう。いまはペーパーレスの時代なので、不要な印刷は禁止されているので、社内で大量の印刷をしていると不審な行動としてみられます。

1.4.2 オープンソース

HP-UXなどの商用UNIX、MicrosoftのWindowsはソースコードが非公開です。莫大なお金を払って、企業と契約を結ぶとソースコードを参照することはできます。ただ、個人レベルでは難しいと思います。

反面、Linuxはソースコードがインターネットで公開されています。そもそも、Linuxはネット上で開発されてきているので、ソースコードが開示されていることは自然なことと思います。このようにソフトウェアのソースコードが開示されていることを**オープンソース (Open source)** と言います。OSSはOpen source softwareの意味です。

ソースコードが開示されていることにより、さまざまなメリットが生まれます。
・アプリやOSなどの実装を知り、学ぶことができる。
・ソフトウェアの不具合調査が可能となる。
・ソフトウェアの改造や改修が可能となる。

オープンソースという用語の対語として、**プロプライエタリ (proprietary)** という用語を使うことがあります。たとえば、「Linuxはオープンソースだが、Windowsはプロプライエタリである」といった具合です。

1.4.3 Linuxのすべてがオープンソースではない

前述では「Linuxはオープンソースである」と説明しましたが、実は例外があります。デバイスドライバのソースコードが開示されておらず、バイナリしか公開されていないものがあります。特に、グラフィックスドライバがバイナリしかない問題は昔からよく話題になっています。

15

　また、私がたままた見つけたのが、ある中華製の周辺機器でLinuxのデバイスドライバがバイナリのみだったことがありました。

　実際には、その周辺機器をLinuxで動かしたかったわけではなく、デバイスドライバのソースコードを読みたかっただけなのです。こちらに関しては、要求すれば開示してくれたかもしれませんが、オープンソースの文化をよく理解していない企業だと、私のことがクレーマーだと認識されるのも嫌ですよね。

　そして、Linuxをベースに業務開発をする場合、企業内で作り込みがなされる、ほとんどのソースコードは非公開（プロプライエタリ）となります。これは一般的にそうであるという話であって、企業によってはすべてをオープンソースにしている製品もあります。

　たとえば、UbuntuなどのLinuxディストリビューションが該当します。

　ここでは、Linuxをベースとしたファームウェア（組み込みLinux）を企業が開発する場合をモデルケースとして、下図に示します。

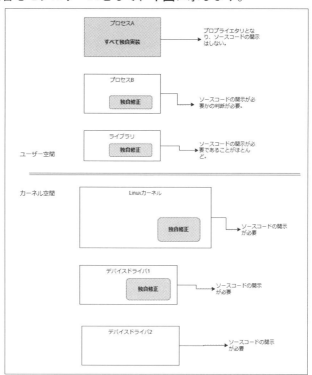

図 1.3　組み込みLinuxのソースコード開示例

　後述するライセンスと絡めて話をしないと、正確な議論はできないのですが、ここで一例として紹介します。

　カーネル空間にあるLinuxカーネルコアやデバイスドライバに対して、何らかの修正を加えた場合、修正した部分だけではなく、全体のソースコードをまるまる開示する必要があります。また、何も修正を加えない、オリジナルのままだったとしても開示の必要性があります。これはLinuxカーネルのソースコードに対して「GPL」と呼ばれるライセンスが適用されていることによる特徴です。

　デバイスドライバに関してはプロプライエタリとすることもできなくもないですが、トラブルのもとになるので、ソースコードを開示するのが無難とされています。

　ユーザー空間にあるライブラリですが、LinuxではglibcやuClibcがよく使われますが、ライブラリそのものを改修した場合、ライブラリまるごとソースコードを開示する必要がでてきます。

　プロセスAは企業内でゼロから作ったものですが、これはプロプライエタリにするのが一般的です。特に、組み込み界隈は非常に機密性が高いので、よほどの事情でもない限り、非公開にするはずです。

　プロセスBはOSSであり、それに対して企業内で改修をしたという想定ですが、OSSのライセンスがどうなっているかで、ソースコードの開示責務が変わってきます。LinuxカーネルのようにGPLであれば、開示は必須となります。

1.4.4　ライセンス

　OSSを業務開発に活用する場合、みなさんがやはりいちばん気になることは下記のことだと思います。

> ・OSSと業務のプログラムを組み合わせた場合、業務プログラムのソースコードをインターネットで開示しないといけないのか？

　これはYESでもあり、NOとなります。
　次に、業務開発で使われたソースコードを開示することになった場合ですが、以下のことも気になると思います。

> ・製品を発売する企業のWebサイトで、ソースコードを誰でもダウンロードできるようにする必要があるのか？

これもYESでもあり、NOとなります。

以上の疑問をクリアするために、著作権とライセンスに関する理解が必要となります。

＊

これまで、**ソースコード（Source code）**という単語を頻繁に使ってきましたが、OSSにはソースコード以外にも、ソースコードをビルドするためのスクリプトやMakefile、ドキュメントなども含まれます。「ソースコードを公開するか否か」の議論には、当然ソースコード以外の物件も該当します。ここでは、ソースコードという言い方で話を進めていきます。

さて、OSSのソースコードは人間が手で作ったものですから、作った人の著作権が発生します。もし、OSSを企業が主体として開発しているならば、著作権は個人ごとではなく、企業が持つことになる場合もあります。

ただし、例外として**PDS（パブリック・ドメイン・ソフトウェア）**と言う、著作権が放棄されたソフトウェアがあります。よって、PDSには著作権が存在しません。

法律は国によって異なるので、著作権の考え方も違います。日本の法律は毎年変わっていくので、今後どうなっていくかは分からないのですが、現時点では日本では著作権を放棄することはできません。よって、日本在住の人が作ったソフトウェアをPDSにすることはできない…となるのだろうと思われますが、厳密に言うと、放棄できる著作権と、放棄できない著作権があるので、話がややこしくなっています。

日本では著作権の実体として、著作権人格権と著作権(財産権)の２つに分かれます。

・著作権＝著作権人格権　＋　著作権(財産権)

放棄ができるのは著作権(財産権)のほうで、著作権人格権は放棄できません。また、放棄ではなく「著作権の譲渡」も行なうことができますが、こちらも同様に、譲渡できるのは著作権(財産権)だけです。

著作権人格権というのは、著作した人の人格を保護するためのものです。著作権人格権には、公表権、氏名表示権、同一性保持権の３つがあります。

・著作権人格権＝公表権　＋　氏名表示権　＋　同一性保持権

公表権は、著作物を公表するかどうかを決める権利のことです。つまり、著作権が放棄もしくは譲渡されているから言って、元の著作者の許可なしに勝手に公表することはできないことになります。

氏名表示権は、著作物に氏名を表示するのかどうか、表示する場合、本名とペンネーム、どちらにするかを決める権利のことです。よって、元の著作者の許可なしに勝手に名前を公表することはできません。

同一性保持権は、著作物のタイトルや内容を他人が変えることができないという権利のことです。よって、元の著作者の許可なしに勝手に改変することはできません。

著作権(財産権)というのは、著作物の利用方法を複数の権利に分けて決めたものです。複製権や公衆送信権などいろいろあります。

また、最近ではAIでソースコードを自動生成することができるようになっています。AIが生成したソースコードは、著作権は誰にあるのでしょうか?

建前としては、AIを使った人に帰属します。通常、ソースコードを書く時、テキストエディタを駆使して記述しますが、それと同様にAIを活用して「ソースコードを書いた」という考え方です。

ただし、AIはインターネットにある情報を勝手に使って、学習をして、その結果を出力しています。ネットにある情報は、それぞれに著作権があります。

そのため、AIが生成した結果に、たまたまネットにある情報と極めてそっくりな内容が含まれる可能性があり、そうした場合、元の著作者から著作権侵害であると訴えられるかもしれません。

それから、インターネットには違法アップロードが山ほどあります。私が過去に出版した本でいえば、勝手に紙からPDFに自炊して、ネットに違法アップロードされていることを確認済みです。

違法アップロードではないものの、著作権の引用の範囲を逸脱したレベルで、ブログに本の内容が転記されていることもあります。

AIはこうした著作権侵害した内容も学習のインプットにしているので、AIの生成内容に著作権侵害が含まれることは容易に想像できます。

AIの著作権については、まだまだ議論が始まったばかりなので、結論はでていません。

　あるフリーソフトの画像ビューワソフトがあり、そのソフトが配布されている
Webサイトでは自由に使えるように一見してみえるのですが、詳細をみると「商用
利用禁止」と書いてあるのです。よって、そのソフトを会社のパソコンにダウンロー
ドすることは規約違反になります。

　Webサイトのログをみれば、どこの企業からダウンロードされたかは丸わかり
なので、たとえ、ダウンロードしたソフトを一度も起動していなくとも、作者から
目をつけられる可能性もあります。

　OSSのソースコードには著作権がありますので、取り扱いには注意が必要です。

　個人的に、ソースコードを読んで学習したいという目的で、自宅のパソコン
にダウンロードするのは問題ありません。また、そのソースコード一式を自分
が所有するストレージやクラウドにバックアップすることも、私的利用の範囲
内ですから、問題にはなりません。

　それでは、業務時間中に会社のパソコンにソースコードをダウンロードして
読むのはどうなのでしょうか？

　お給料をもらいながら、ソースコードを読むわけですから営利目的となり、
商用利用に該当すると思います。いや、仕事とは関係なく、個人的な趣味だと
言い張ることはできるかもしれません。会社がそういった活動を許可している
のであれば。

　OSSの著作者が「商用利用は禁止です」と名言しているならば、これは問題
となります。著作者の権利を侵害していることになりますし、企業としてのコン
プライアンスが問われることになるでしょう。

　個人的にソースコードをカスタマイズして、その成果物をインターネットに
公開したら、問題になるでしょうか？

　これもまた著作者の許可がないのであれば、著作者の権利を侵害しているこ
とになります。私的利用ではなく、業務利用だったら、なおさら問題は大きく
なります。

　このように著作者の許可なく、ソースコードを利用しようとすると、容易に
著作権侵害が発生することになります。

＊

　そこで、ソースコードの利用方法を決めたのがライセンス(License)と呼ば
れる文書です。OSSごとにライセンスが異なるので、OSSごとに利用方法も
違うということになります。ここでは代表的なライセンスについて紹介します。

　BSDやMITのライセンスに関しては、ソースコードを流用してカスタマイズした場合においても、改修したソースコードを公開する義務がないことが特徴です。そのため、現場では「OSSを業務開発で使いたいならBSDやMITを使え」とよく言われます。業務開発で作ったソースコードを外部に出す必要がないので、企業として機密情報の漏洩を回避できるというメリットがあります。

　GPLのライセンスに関しては、「ソースコードの公開が必須」という縛りの強い内容になっています。そもそも、OSSという文化が生まれたのは、既存のソフトウェアでソースコードが開示されていないことに不満があった人たちがいたからです。それならば、最初からソースコードの公開ありきで、自分たちでソフトウェアを作っていこう、そういう流れができたのです。

　よって、GPLライセンスを付与する著作者は、「ソースコードの公開」に強いこだわりを持っており、プロプライエタリに対してよくない印象、時には恨みさえ持っています。ここまで来ると、ちょっと宗教くさくもあるのですが、「OSSは宗教である」という意見もあります。

＊

　ここで、GPLを例にして、ソースコードの公開方法はどうなるかをみていきます。GPLでは、かならずしもソースコードをネットに公開せよとは言っておらず、あくまでも製品を買った人に対して公開するように、言っています。

●例1　無料のソフトウェア（GPLライセンス）がネットに公開されており、
　　　　ソースコードも公開されている場合。

・ソースコードをダウンロード→独自に改修する→改修したソフトウェアをソースコードも含めて公開する。

　元々、ネットに公開されていたものをカスタマイズして、引き続きネットに公開しているので、理想的な姿です。トラブルが起こることも、まずないでしょう。また、第三者が改修したソースコードをベースにして、さらに改修したものが公開されることもあります。

・ソースコードをダウンロード→独自に改修する→改修したソフトウェアをソースコードも含めて公開する→第三者が独自に改修する→さらに改修されたソースコードが公開される。

　このように脈々とソースコードが継承されていき、ソフトウェアが発展していくことがよい流れであるといえます。

●例2　ハードウェア製品（機器）を制御するファームウェア（ソフトウェア）
　　　において、一部でGPLのソースコードが流用されている場合。

・機器を購入する　→　機器のWebサイトからソースコードをダウンロードす
る　→　ソースコードの解説記事をソースコードと共に、ブログに掲載する。

　この場合も特に問題はないのですが、Webサイトで公開されているソースコー
ドはGPLライセンスのところだけなので、ファームウェア全体のソースコー
ドが入手できるわけではありません。
　ファームウェアは機密情報の塊なので、ファームウェアの全体にGPLを適
用するような企業はさすがに存在しないと思います。もし、存在したら、その
企業はコンプライアンスが大丈夫なのか、と心配してしまいます。
　入手したソースコードはGPLなので、機器の販売元や開発元に許可を取る
必要はなく、自由に使えます。当然、GPLライセンスの条件にしたがった範
囲内で、ではあります。

●例3　商用Linuxは購入していないが、そのソースコードを利用する場合。
　　　ソースコードは公式Webサイトで公開されている。

・商用Linuxのソースコードをダウンロードする→独自にカスタマイズした
Linuxを作る→そのLinuxを無償でネットに公開する

　商用Linuxは有償ではありますが、ソースコードがGPLとして公開されてい
るので、特にお金を払う必要はなく、ソースコードを自由に活用することがで
きます。商用LinuxのソースコードをビルドしただけのLinuxをクローンOSと
も言います。実際、そのようなLinuxは世の中にたくさんあります。

●例4　商用Linuxを購入した上で、そのソースコードを利用する場合。
　　　ソースコードはネットでは公開されておらず、販売元および開発元
　　　からもらう必要がある。

・商用Linuxのソースコードを入手する　→　独自にカスタマイズしたLinux
を作る　→　そのLinuxを無償でネットに公開する

　ソースコードはGPLライセンスなので、特に問題はありません。オリジナ
ルのソースコードは無料で公開されているわけではないのですが、製品を買っ
た人の特権です。

　ただ、2023年6月に事件が起こりました。商用Linuxとしてはダントツに人気のあるRed Hat社のRHEL(Redhat Enterprise Linux)が突如、方針を変えたのです。元々、RHELのソースコードはネットで公開されていましたが、これをやめました。この事自体は問題ないです。

RHELを購入した人にソースコードは開示されますが、そのソースコードを使ったRHELと互換のあるOSを作ることを禁止したのです。つまり、Red HatとしてはRHELのクローンOSや派生OSが世の中に出回ることが面白くなく、そうしたOSが使われてもお金が入ってこないことを問題視したのだと思います。

・RHELを購入する→RHELのソースコードを入手する→独自にカスタマイズ
　したLinuxを作れない

　当然のことながら、RHELの方針転換に対して、方々から批判の意見がでました。これをうけて、2023年8月にCIQとOracle、SUSEの3社がOpenELA(Open Enterprise Linux Association)を立ち上げました。

　OpenELAではRHELのソースコードを一般公開はしますが、互換OSの作成はしません。このことが「互換OS禁止」に抵触しないので、問題とはならないという考え方のようです。

　ただ、Red Hatが契約の内容を変えてくる可能性もありますし、下手にRHELのソースコードを使って何かしようものなら、訴えられても困ります。個人がアメリカの巨大企業に勝てるはずがないので、もう私はRHELのソースコードにアクセスしないと思います。君子危うきに近寄らず、です。

1.5
Linuxカーネルはどうやって学べばいいのか？

Linuxのことをまったく知らない人がLinuxを学ぼうとすると、それなりの時間と努力が必要です。ただ、Linux以外のUNIX系OSの経験があれば、Linuxの習得は速いのでしょう。

Linuxでコマンドライン操作ができるようになり、ちょっとしたアプリケーション(ユーザー空間で動くプロセス)が作れるようになると、中級者から上級者であると言えます。しかし、「Linuxカーネル」を学ぼうとすると、とたんに敷居が高くなります。

学習に必要なことは、以下になります。
・プログラミング言語を学ぶ
・コンパイラの拡張機能を理解する
・ソースコードを読解する
・ハードウェアの仕様を理解する

1.5.1 プログラミング言語とコンパイラの拡張機能

Linuxカーネルのソースコードはさまざまなプログラミング言語やスクリプト言語から構成されているのですが、主体的なのは「C言語」です。C言語は歴史が古いので、言語仕様としても古臭くはあるのですが、学習難易度が低く、シンプルに実装できるというメリットがあります。

よって、まずはC言語を学ぶところが始まります。C言語に関しては書籍も多数でていますし、ネットにもたくさん情報があるので、独学でもいけます。C言語は「ポインタが壁」と言われていたのは、昔の話です。むしろ、私はいまどきのプログラミング言語のほうが難しく感じます。

さて、C言語の言語文法は、時代とともに仕様がアップデートされています。

C89/C90 → C99 → C11 → C23

2桁の数字は、仕様が策定された西暦の下2桁を表しています。C89とC90はそれぞれ1989年、1990年という意味で、どちらも仕様の内容としては同じです。最新は2023年のC23ですが、当初の予定より遅れて2024年に規格が確定する予定です。

　そして、長らくLinuxカーネルはC89/C90に準拠してC言語を使うことがコーディングルールとなっていました。実際にはC99やC11などの記述が使われているところもありましたが、建前としてはC89/C90です。

　ところが、2022年10月にこのルールが「C11」に変更されました。このルールについては、ソースコードに含まれる「Documentation/process/howto.rst」というドキュメントに記載があります。

[Documentation/process/howto.rst]

The kernel is written using GNU C and the GNU toolchain. While it adheres to the ISO C11 standard, it uses a number of extensions that are not featured in the standard.

　カーネルはGNU CとGNUツールチェーンを使って書かれています。 ISO C11標準に準拠していますが、標準にはない多くの拡張機能を使用しています。

　よって、いまいまのLinuxカーネルではC89/C90にこだわる必要がなくなりました。C言語を学ぶ上では、まずはC89/C90を理解して、その差分(差異)としてC99やC11との違いを把握するのが理解の進みも早いです。現時点ではLinuxカーネルのソースコードの多くは、C89/C90ベースで書かれているため、C89/C90の知識しかなくとも、ソースコードを読むことはできます。

1.5.2　ソースコードの読解とハードウェアの仕様

　Linuxカーネルのソースコードはすべて公開されているので、ソースコードを読むこと自体が学習になります。ソースコード以外にもドキュメントが付属しているのですが、チュートリアル的なものではなく、ある程度ソースコードを読み込んだ上で補助的な情報として活用するとよいと思います。

　わからないことがでてきたら、ネットの情報に頼ることになります。以前は、雑誌や書籍でも情報が得られたのですが、いまはほとんどなくなりました。これは日本の出版不況による影響です。

　Linuxカーネルではハードウェアを制御する処理が多数あります。そういった処理の内容を理解するには、ソースコードだけをみていてもよくわかりません。なぜなら、ソースコードはハードウェアの仕様に準拠して作ってあるだけだからです。そのため、ハードウェアの仕様を理解する必要があります。

　ただ、この「ハードウェアの仕様」というのが厄介な代物でして、機密情報のかたまりなので一般的には公開されません。ハードウェアを作っている企業とNDA(機密保持契約)を結ぶ必要があり、それによりデータシートなどが開示されます。当然のことながら、開示された資料をインターネットに流出させたなどした場合は、悪意のあるなしを問わず企業から訴訟を起こされて、それ相当のペナルティを課されることになる可能性があります。

　ここで疑問が湧いてくるわけですが、そもそもどうやってハードウェアを制御するプログラムを作るのかというと、そのハードウェアを作っている企業が作成して、Linuxカーネルのコミュニティに提供しているのです。一度、ソースコードが作られてしまえば、ハードウェアの仕様に依存しなければ、ロジックの不具合があったとしても第三者が改修を行なうことができます。

　オープンソース信者からすれば、ハードウェアの情報が非公開であることに不満をもつ人も多いようです。

## 第2章

ログ・ソースコードの確認

ここでは、Linuxカーネルでサポートされているプログラミング言語「Rust」（ラスト）についてと、後々の作業で必要になるログやソースコードの確認方法を解説します。

2.1
Rust

　Linuxカーネル6.1から **Rust**（ラスト）というプログラミング言語がサポートされるようになりました。私は古い人間なので全然知らなかったのですが、いまどきの若者は「C言語が嫌い」という思い込みがあるらしく、Linuxカーネルのようなシステムプログラミングに関心がないという問題があります。

　事実、Linuxカーネルの開発者が高齢化しているという問題があり、なかなか若者が入っていくのが難しいようです。

　Rustというプログラミング言語は、2011年から登場している言語なので最新技術というわけではないのですが、いま人気のある言語で、若者が好きな言語でもあるそうです。LinuxカーネルがRustをサポートしたことにより、若者の開発者が増えていくと期待されています。

　さて、ここでは実際にC言語とRustのサンプルプログラムを比較しながら、Rustの特徴について見ていきます。

2.1.1　メモリリーク

　プログラムでは処理の都合上、ヒープメモリからメモリ確保を行ない、そのメモリをデータ格納領域として使うことがあり、C言語ではメモリ確保にはmalloc関数を使います。

　ただし、Linuxカーネルではこの関数は使えなくて、kmalloc関数などのほかの関数を使いますが、話の筋としては同じなので、mallocで話を進めます。

　処理が終わり、確保したメモリが不要になったら、free関数を呼び出し、メモリを解放する必要があります。このメモリの確保と解放に関する責任は、C言語でプログラムを作る開発者にあります。

　「責任がある」と言われると、ちょっとドキッとするかもしれませんね。

　下記に、C言語によるサンプルプログラムを示します。

[memleak.c]

```
//
// cc memleak.c && ./a.out
//
#include <stdio.h>
#include <stdlib.h>
#include <string.h>

void sub(void)
{
    const int size = 1024*1024;
    char *ptr = malloc(size);

    if (ptr) {
        memset(ptr, 0xAB, size);
    }
}

int main(void)
{
    for (unsigned int i = 0 ; ; i++) {
        sub();

        if (i % 100 == 0) {
            printf("%u\n", i);
        }
    }
}
```

　main関数では、forループでsub関数を連続的に呼び出しています。forは無限ループではなく、intが4バイトの場合、4,294,967,296回までループしますが、ここではループ回数は気にしなくてよいです。

　sub関数では1MBのメモリ確保を行ない、確保ができたら「0xAB」で初期化しています。Linuxではメモリを確保しただけでは物理メモリが割り当てられないので、メモリにアクセスするという操作が必要です。

　ここで意図的にsub関数ではfree関数を呼んでいないので、メモリが解放されません。

　上記のプログラムを動かすと、どうなるでしょうか？

　psコマンドやtopコマンドでみるとわかるのですが、VSZとRSSがもりもりと増えていきます。そして、だんだんとLinuxが全体的に遅くなっていき、操作もままならない状況になります。

・コンパイルと実行

```
# cc memleak.c
# ./a.out
```

・メモリの使用状況をチェックする

```
# ps aux | head -1
USER         PID %CPU %MEM    VSZ    RSS TTY      STAT START   TIME COMMAND
# ps aux | grep a.out
yutaka      3815  100 45.3 2239584 2238080 pts/2 R+   20:26    0:03 ./a.out
```

　VSZが2239584で、RSSが2238080となっており、約2.1GBのメモリが割り当ててしまっています。この値はさらに増えていきます。最後はOOM Killerが発動して、さまざまなプロセスが強制終了させられて、無茶苦茶な状態になります。復旧のためには、Linux自体をシステムリセットする必要があります。

　このような状態に陥ることを「メモリリークが発生している」と言います。

　メモリリーク(Memory leak)はITエンジニアにとっては、もっとも恐れられるほどの重大障害です。メモリリークの不具合がある場合、たいていは毎日少しずつ(数バイトなど)リークしていくので、問題に気付かないのです。

　しかも、メモリリークが発生していると判明しても、どのプログラムのどの部分でリークが起きているかを究明するのは大変難しいのです。莫大な時間をかけても、「原因はわかりませんでした」となることもあります。

＊

　Rustでは言語文法のレベルでメモリリークが起こらないような工夫がなされています。前述のC言語プログラムをRustで書き換えたものが、下記になります。Rustではソースファイルの拡張子が「.rs」になります。

[memleak.rs]

```
//
// rustc memleak.rs && ./memleak
//

fn sub() {
    const SIZE: usize = 1024 * 1024;
    let mut buffer = vec![0u8; SIZE];
    buffer[0..SIZE].fill(0xAB);
    //println!("{:?}", buffer);
}

fn main() {
    for i in 0.. {
        sub();

        if (i % 100) == 0 {
            println!("{}", i);
        }
    }
}
```

　RustはC++のようなオブジェクト指向言語ではなく、変数や関数の命名規則がSnake case(小文字を使って単語間をアンダースコアでつなぐ)なので、C言語の作法に似ています。そのため、C言語に馴染みがあると安心感があります。

　sub関数では、vecマクロを使って1MBのメモリ領域を確保しています。Rustでは「vec!」のようにビックリマーク(エクスクラメーションマーク)を付与されたものはマクロです。マクロといっても、C言語のマクロとは厳密には異なります。C言語のマクロは単なる文字列置換なので、副作用が発生することがありますが、Rustのマクロでは副作用が起きないようなしくみになっています。

　vecマクロによるメモリは1バイト(u8)型で、ゼロで初期化しています。次の行では、buffer変数のfillを使って「0xAB」で、全メモリ領域を上書きしています。ここは、C言語のmemset関数の対比となっているのですが、vecマク

ロの初期値を「0xAB」に変えれば、fill は不要なので、厳密には冗長であると言えます。

さて、vec マクロで確保したメモリ領域を解放している処理が見当たりませんが、sub 関数を抜けるタイミングで自動的に解放されます。このような仕組みにより、Rust ではメモリリークが起こらないようになっています。

厳密に言うと、メモリリークが絶対起こらないわけではなく、抜け道があるのですが、ここでは詳細を割愛します。

いずれにしても、C言語ではプログラマの不注意で容易にメモリリークが起こります。

C言語の文法レベルでは、事前にメモリリークを防ぐことは不可能です。メモリリークチェッカーというツールを使うことで、実際にプログラムを動かすことで、リークを摘出することができることもありますが、100%確実なやり方はないです。

C++ の場合、new でメモリ確保を行ない、不要になったら delete でメモリ解放を行なう必要があり、プログラマが責任を負います。そのため、C言語と同様メモリリークが発生する問題がありますが、C++ にはスマートポインタというしくみがあるので、不要になったら自動的にメモリを解放することができます。

こうして見ると、C言語は古き良きプログラミング言語ですが、開発者に負担を強いる言語であるとも言えます。

2.1.2 メモリ破壊

　C言語ではメモリ管理をきちんとしないと、簡単に不正なメモリアクセスが発生して、メモリ破壊が起こります。これは前述したメモリリークとは、また別の現象です。

　このメモリ管理もまたプログラマの責任です。C言語のプログラムは、プログラマが書いた通りに動くわけなのですが、ただメモリ破壊が起こったときはどういった動作になるかは予測不可能です。なぜなら、メモリが壊れているから論理的な動きにならないのです。たいていはプログラムがクラッシュします。

　Linuxカーネル内でのメモリ破壊が発生した場合、すぐさまカーネルパニックしてくれればまだよいのですが、少しずつメモリを壊しながらシステム運用が継続していると非常にまずい状況であるといえます。

　以下に、C言語のプログラムを示します。

[bof.c]

```
//
// cc bof.c && ./a.out
//
#include <stdio.h>
#include <stdlib.h>
#include <string.h>

void sub(char *buf)
{
    const int size = 1024 * 1024;
    for (int i = 0 ; i < size; i++) {
        buf[i] = 0;
    }
}

int main(void)
{
    const int size = 8;
    char buf[size];

    for (int i = 0 ; i < size; i++) {
        buf[i] = i + 1;
```

```
    }

    sub(buf);

    for (int i = 0 ; i < size; i++) {
        printf("%02x ", buf[i]);
    }
    printf("\n");
}
```

　main関数では、8バイトの大きさのbuf配列を定義しています。これは**スタック領域**と言うところにメモリ確保されます。ヒープメモリとの違いについては、ここではあまり気にしなくてよいです。

　main関数ではbuf配列に対して8バイトの書き込みをしています。その配列をsub関数に渡して、1M（1048576）バイトの書き込みをしています。8バイトを超えてアクセスをしてはいけないのですが、こうしたことが容易にできてしまうのがC言語なのです。

　このプログラムを実行するとクラッシュします。このような現象のことを**バッファオーバーフロー（BOF）** とも言います。

```
# cc bof.c
# ./a.out
Segmentation fault（コアダンプ）
```

＊

　さきほどのC言語のプログラムをRustで書き直したものが以下になります。

[bof.rs]
```
//
// rustc bof.rs && ./bof
//

fn sub(buf: &mut [u8]) {
    //const SIZE: usize = 1024 * 1024;
    const SIZE: usize = 32;
    //const SIZE: usize = 8;
    for i in 0..SIZE {
        buf[i] = 0;
    }
```

```
}

fn main() {
    const SIZE: usize = 8;
    let mut buf = [0u8; SIZE];

    for i in 0..SIZE {
        buf[i] = (i + 1) as u8;
    }

    sub(&mut buf);

    for &byte in buf.iter() {
        print!("{:02x} ", byte);
    }
    println!();
}
```

　main関数では8バイトの大きさをもつバッファ (buf) を確保しており、sub
関数にバッファを渡して、8バイトを超えてアクセスをする処理を行なってい
ます。
　さて、このプログラムを動かすとどうなるでしょうか?

```
# rustc bof.rs
# ./bof
thread 'main' panicked at bof.rs:10:9:
index out of bounds: the len is 8 but the index is 8
note: run with `RUST_BACKTRACE=1` environment variable to display a
backtrace
```

　配列への範囲外アクセス (index out of bounds) で、プログラムが異常終了し
ました。
　Rustでは、異常終了することを**パニック**と呼びます。詳細を知りたければ、
「RUST_BACKTRACE=1」を設定せよとあるので、再実行してみます。

```
# RUST_BACKTRACE=1 ./bof
thread 'main' panicked at bof.rs:10:9:
index out of bounds: the len is 8 but the index is 8
```

```
stack backtrace:
   0: rust_begin_unwind
             at /rustc/07dca489ac2d933c78d3c5158e3f43beefeb02ce/library/std/
src/panicking.rs:645:5
   1: core::panicking::panic_fmt
             at /rustc/07dca489ac2d933c78d3c5158e3f43beefeb02ce/library/
core/src/panicking.rs:72:14
   2: core::panicking::panic_bounds_check
             at /rustc/07dca489ac2d933c78d3c5158e3f43beefeb02ce/library/
core/src/panicking.rs:208:5
   3: bof::sub
   4: bof::main
   5: core::ops::function::FnOnce::call_once
note: Some details are omitted, run with `RUST_BACKTRACE=full` for a verbose
backtrace.
```

スタックトレースを得ることができました。

さらに、「RUST_BACKTRACE=full」に変更することで、より詳細なスタックトレースを取得することもできます。

Rustでは、不正なメモリアクセスを適切に検出することができるようになっており、C言語と比較すると、安全にプログラムを動作させられると言えます。

2.1.3 スレッドセーフ

C言語ではマルチスレッドをサポートしています。

マルチスレッド(Multithreading)とは、1つのプログラム(プロセス)において、複数の処理が並列に動く機能のことを言います。

実際に、並列に動くかどうかはCPUのコア数が必要で、それに加えてOSのスケジューリングにも影響されます。いずれにしても、マルチスレッドの特徴としては、プログラム内部の処理を同時に動かしたいという要望に応えるものとなっています。

さて、C言語でマルチスレッドをサポートしていると言っても、言語仕様としてサポートされたのはC11からです。それまではC言語のプログラムに、マルチスレッドのライブラリをリンクしてスレッドを使っていました。Linuxではpthreadsが定番です。

以下に、C言語のプログラムを示します。

[thread.c]

```c
//
//  cc thread.c  && ./a.out
//
#include <stdio.h>
#include <string.h>
#include <pthread.h>
#include <unistd.h>

const int g_buf_size = 8;

void *sub_thread(void *arg)
{
    char *buf = (char *)arg;

    printf("thread was created.\n");

    for (int cnt = 0 ; cnt < 10 ; cnt++) {
        for (int i = 0 ; i < g_buf_size ; i++) {
            buf[i] = buf[i] + 1;
        }

        for (int i = 0 ; i < g_buf_size ; i++) {
            printf("|%02d| ", buf[i]);
        }
        printf("\n");

        sleep(1);
    }

    pthread_exit(NULL);
}

int main()
{
    pthread_t thread;
    int result;
    char buf[g_buf_size];
```

```
    memset(buf, 0, sizeof(buf));

    result = pthread_create(&thread, NULL, sub_thread, buf);
    if (result != 0) {
        perror("Thread creation failed");
        return 1;
    }

    for (int cnt = 0 ; cnt < 10 ; cnt++) {
        for (int i = 0 ; i < g_buf_size ; i++) {
            buf[i] = buf[i] - 1;
        }

        for (int i = 0 ; i < g_buf_size ; i++) {
            printf("*%02d* ", buf[i]);
        }
        printf("\n");

        sleep(1);
    }

    result = pthread_join(thread, NULL);
    if (result != 0) {
        perror("Thread join failed");
        return 1;
    }

    printf("Thread joined.\n");
}
```

　このプログラムでは、pthreadsライブラリを使ってマルチスレッドの機能を使っています。main関数では8バイトの配列をスタック領域に確保しています。main関数では、1秒おきに配列に書き込みを行なっています。

　main関数ではpthread_create関数を使って、スレッドを1つ生成しています。スレッドの実体はsub_thread関数を割り当てています。スレッドを生成すると、main関数の動作とは別に、バックグラウンドでsub_thread関数が動作することになります。

　main関数もsub_thread関数も同じプロセスですから、メモリ空間を共有す

ることになります。

　sub_thread関数には、main関数で定義した8バイトの配列を渡して、一定時間、配列に書き込みをするようにしています。つまり、同じ配列に対して、並列的にアクセスを行なっています。

　ここで問題となるのは、「8バイトの配列」というメモリ領域に対して、2か所から同時に書き込みをしていることです。端的に言って、プログラムの不具合です。そのため、配列の内容が意図したとおりにならずに壊れる可能性があります。

　共有メモリ領域に対して同時アクセスを行なう場合、セマフォやミューテックスなどを使って排他制御を行なう必要があります。これも、C言語を使うプログラマの責任であり、**スレッドセーフ(Thread safe)**に実装する、と言います。

　上記に示したプログラムでは、「スレッドセーフ性の問題がある」という言い方をします。

＊

　Rustでは、確実にスレッドセーフ性が維持できるようなしくみになっていて、そもそもスレッド間で、共有メモリにいきなりアクセスできないようになっています。そこで、共有メモリに安全にアクセスするためのしくみが用意されています。

　以下に、Rustのプログラムを示します。

[thread.rs]

```
//
// rustc thread.rs && ./thread
//
use std::sync::{Arc, Mutex};
use std::thread;
use std::time::Duration;

// 配列のサイズ
const G_BUF_SIZE: usize = 8;

// スレッド関数
fn sub_thread(shared_buf: Arc<Mutex<[i32; G_BUF_SIZE]>>) {
    let mut buf = shared_buf.lock().unwrap();
```

```
    for i in 0..G_BUF_SIZE {
        buf[i] = buf[i] * 2;
    }

    println!("buf in thread: {:?}", *buf);
}

// main関数
fn main() {
    // バッファの定義
    let buf = [0i32; G_BUF_SIZE];

    // スレッド間で共有する配列を作成する
    let shared_buf = Arc::new(Mutex::new(buf));

    // スレッドを作成する
    let shared_buf_clone = Arc::clone(&shared_buf);
    let thread_handle = thread::spawn(move || {
        sub_thread(shared_buf_clone);
    });

    //thread::sleep(Duration::from_millis(100));
    thread::sleep(Duration::from_millis(0));

    {
        let shared_buf_clone = Arc::clone(&shared_buf);
        let mut buf = shared_buf_clone.lock().unwrap();
        for i in 0..G_BUF_SIZE {
            buf[i] = buf[i] as i32 + 1;
        }
    }

    // スレッドの終了を待つ
    thread_handle.join().unwrap();

    let final_buf = shared_buf.lock().unwrap();
    println!("buf: main {:?}", *final_buf);
}
```

main関数で8バイトの配列をbufに作成しています。thread::spawn関数でスレッドを生成することができるのですが、bufをそのまま渡すことはできません。

排他制御が必要なのでMutexで包んだ後、さらにArc(Atomically Reference Counted)で包みます。それが下記の行になります。

```
// スレッド間で共有する配列を作成する
let shared_buf = Arc::new(Mutex::new(buf));
```

ArcとMutexで包んだデータから配列を取り出すには、以下のようにします。lock()をすることでミューテックスが取得されて、排他制御が実現できます。

```
let mut buf = shared_buf.lock().unwrap();
```

2.1.4 LinuxカーネルでRustを使う

LinuxカーネルでRustがサポートされたので、デバイスドライバ(カーネルモジュール)をC言語ではなく、Rustで記述することができるようになりました。本節では、開発手順について説明します。

ここではUbuntu 23.10で、オリジナルのLinuxカーネル6.7.9を使うことにします。Ubuntu 23.10はLinuxカーネル6.5.0ベースのOSになっています。ちょうど、この原稿を書いているとき(2024/3/11)、Linuxカーネル6.8がリリースされていましたので、Linuxのバージョンアップは異様に速いですね。

Linuxカーネルのソースコードは、下記からダウンロードします。

```
https://cdn.kernel.org/pub/linux/kernel/v6.x/linux-6.7.9.tar.xz
```

このtarballを展開すると、「Documentation/rust/quick-start.rst」に手順が書いてあるので、基本的にこちらの手順に準拠して作業を進めていくようにします。

*

Ubuntuのインストール直後の状態では、開発ツールが一切入っていないので、必要最低限と思われるツールをインストールします。足りないパッケージがあれば、後から随時追加していきます。

```
# sudo apt install make flex bison libncurses-dev libssl-dev git build-
essential
# sudo apt install curl llvm clang lldb lld libelf-dev
```

Rustの開発環境(コンパイラなど)をインストールします。Ubuntuではお馴染みのaptコマンドを使って、パッケージを導入するわけではありません。Rustの開発環境は一般ユーザーのホームディレクトリ配下に格納されます。

この仕組みにより、ライブラリのバージョン依存がなくなり、異なるバージョンのライブラリをシステムに導入できます。デメリットとしては、そのぶんディスク容量を消費することになります。

では、root権限ではなく、一般ユーザー権限で下記のコマンドを実行します。

```
# curl --proto '=https' --tlsv1.3 https://sh.rustup.rs -sSf | sh
```

下記のディレクトリにセットアップされることが通知されます。

- /home/yutaka/.rustup
- /home/yutaka/.cargo

さらに、下記の設定ファイルを更新することも通知されます。

- /home/yutaka/.profile
- /home/yutaka/.bashrc

次の質問がでてきて入力待ちになりますが、「1」を入力してEnterキーを押します。

```
1) Proceed with installation (default)
2) Customize installation
3) Cancel installation
>1
```

インターネットからのダウンロードが始まり、全自動でRustのセットアップが行なわれます。ただ待つだけです。セットアップが完了したら、2つの隠しディレクトリが出来ていることなどを確認します。

```
# ls .cargo/ .rustup/
.cargo/:
bin/  env

.rustup/:
downloads/  settings.toml  tmp/  toolchains/  update-hashes/

# tail -3 .profile
    PATH="$HOME/.local/bin:$PATH"
fi
```

```
. "$HOME/.cargo/env"
# tail -3 .bashrc
export PATH=$PATH:~/buildroot/buildroot-2021.02_virt/output/host/bin

. "$HOME/.cargo/env"
```

「.profile」と「.bashrc」に「. "$HOME/.cargo/env"」という一行が挿入されています。これは、現在実行中のシェルに対して、env ファイルの内容を読み込むという意味で、「source "$HOME/.cargo/env"」と同等です。

env ファイルの内容を取り込むことで、Rust のコンパイラなどのツールへの PATH が通るようになり、ツールが使えるようになるわけです。ただ、「.profile」と「.bashrc」という 2 つの設定ファイルが更新されているので、Linux にログインしたときに二重に env ファイルが読み込まれます。

なぜならば、Linux にログインしたときに、それぞれのファイルがシェルの設定ファイルとして読み込まれるからです。

そのため、env ファイルでは多重読み込みの対策が入っており、最初に読み込んだ内容のみを保持するようになっています。

さて、Linux のシェルに再度ログインをしてコンパイラのバージョンを確認してみましょう。

```
# rustc --version
rustc 1.76.0 (07dca489a 2024-02-04)
```

*

Rust のコンパイラが導入できたので、Linux カーネルを Rust サポートすることができるかというと、そうではありません。もう少し準備が必要です。

Linux カーネルの tarball を展開した直下のディレクトリをみると、Makefile がありますが、そのディレクトリ配下で以下のコマンドを実行します。この結果が OK となるまで、繰り返しエラーを取り除きます。

```
# make LLVM=1 rustavailable
```

以下に、最初のエラーメッセージから抜粋します。

```
*** Rust bindings generator 'bindgen' could not be found.
***
***
*** Please see Documentation/rust/quick-start.rst for details
*** on how to set up the Rust support.
```

　「bindgenがない」というエラーで、詳細は「quick-start.rst」を参照せよとあります。このドキュメントを見ると、bindgenの導入方法が書いてあるので、そのとおりにします。

```
# cargo install --locked --version $(scripts/min-tool-version.sh bindgen)
bindgen-cli
```

　もう一度、makeを実行します。

```
# make LLVM=1 rustavailable
***
*** Rust compiler 'rustc' is too new. This may or may not work.
***    Your version:     1.76.0
***    Expected version: 1.73.0
***
***
*** Source code for the 'core' standard library could not be found
*** at '/home/yutaka/.rustup/toolchains/stable-x86_64-unknown-linux-gnu/lib/
rustlib/src/rust/library/core/src/lib.rs'.
```

　エラーが2つでています。1つ目はRustのコンパイラバージョンが「1.76」となっていますが、Linuxカーネルが期待しているのは「1.73」であり、違いがあると言っています。コンパイラバージョンが異なることで、Linuxカーネルが正しくビルドできない可能性があるので、バージョンを合わせます。

```
# rustup override set $(scripts/min-tool-version.sh rustc)
```

　makeしても、まだエラーは残ります。

```
# make LLVM=1 rustavailable
***
*** Source code for the 'core' standard library could not be found
*** at '/home/yutaka/.rustup/toolchains/1.73.0-x86_64-unknown-linux-gnu/lib/
rustlib/src/rust/library/core/src/lib.rs'.
```

　以下のコマンドでエラーを除去します。

```
# rustup component add rust-src
```

　これでようやくOKとなりました。

```
# make LLVM=1 rustavailable
Rust is available!
```

　Linuxカーネルをビルドするには、カーネルコンフィグレーションという設定が必要です。Linuxはマルチプラットフォームに対応していて、多数のハードウェアをサポートしているため、初期設定を行なうことで、ビルドするLinuxカーネルがどういったサポートになるかが明確になります。

　カーネルコンフィグレーションはMakefileがあるディレクトリ配下で実行するのですが、カーネルコンフィグレーションによる設定結果は同じディレクトリに「.config」という隠しファイルで保存されます。テキストファイルなので、そのまま内容をチェックすることもできます。

　初期状態では「.config」ファイルは存在しないのですが、いろいろと設定をしてカーネルをビルドした後に、まっさらな初期状態に戻したい場合は下記のコマンドを実行します。「mrproper」（Mr. Proper）というのは強力な洗浄剤のことらしいのですが、日本では販売されていないのでピンとこないですよね。

```
# make mrproper
```

　ここではx86_64アーキテクチャ向けにカーネルをビルドしたいので、当該アーキテクチャ向けのデフォルト設定を行ないます。

```
# make x86_64_defconfig
```

　この段階で、カレントディレクトリに「.config」というファイルが生成されます。次は、カーネルコンフィグレーションのメニューを開いて、1つずつ設定をしていきます。

```
# make LLVM=1 menuconfig
```

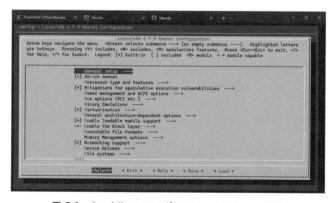

図2.1　カーネルコンフィグレーションのメニュー画面

　まずは、Rust サポートを有効にして、ついでに Rust のサンプルコードも有効にします。Rust がうまく動かない場合、原因を探るために切り分けができるからです。

　角括弧 ([〜]) の中のマークはアスタリスク (*) にすると、カーネルに静的リンクされるので、カーネルイメージ (vmlinux) の中に同梱されます。エム (M) にすると、動的リンクすることになり、カーネルモジュール (.ko) として vmlinux からは独立して、ファイルとして切り離されます。

　ただし、設定によってはアスタリスク(*)しか選べないものもあります。

```
General setup
  [*] Rust support


Kernel hacking
  [*] Sample kernel code
    [*]    Rust samples
      <M>    Minimal
      <M>    Printing macros
      [*]    Host programs
```

　カーネルコンフィグレーションを終了させて、設定ファイルに保存します。
　「.config」ファイルをチェックして、Rust サポートが有効になっていることを確認します。ここで、設定が保存できていないと、下記の通りにはなりません。設定をしたはずなのに保存できていないということは、割とよくあります。

```
# grep RUST_IS .config
CONFIG_RUST_IS_AVAILABLE=y
```

　最近では ripgrep という Rust で実装された grep コマンドが人気あり、私も好んで使っています。高速にサクッと探せるのが大変よいです。Visual Studio Code というテキストエディタの検索でも ripgrep が活用されていると聞きました。
　ripgrep を使うならば、下記の通りとなります。

```
# rg RUST_IS .config
14:CONFIG_RUST_IS_AVAILABLE=y
```

　さて、Rust サポートとしてはこれで終わりです。
　ここで、私は Oracle Virtual Box 7.0.14 に Ubuntu を導入しています。この

まま Linux カーネルをビルドしても起動できる OS にはなるのですが、起動中に画面が真っ暗になります。ブートローダーである GRUB から Linux カーネルを起動しても、しばらく画面が真っ暗なままだと、起動に失敗したのかそうでないかの切り分けができません。

そこで、グラフィックドライバを有効にしておきます。

```
Device Drivers  --->
  Firmware Drivers  --->
    [*] Mark VGA/VBE/EFI FB as generic system framebuffer


  Graphics support  --->
    Frame buffer Devices  --->
      <*> Support for frame buffer devices drivers --->
      <*>    Simple framebuffer support
      [*]    Enable firmware EDID

    Console display driver support  --->
      [*] Framebuffer Console support
      [*]   Map the console to the primary display device
```

＊

カーネルコンフィグレーションが完了したので、いよいよカーネルをビルドします。ビルドは長時間かかるので、気長に待ちます。

```
# make LLVM=1
```

カーネルのビルドが終わったら、カーネルのインストールを行ないます。ただ、ここでそのままインストールをすると、ブートローダーのデフォルトをインストールしたカーネルになります。もし、不正なカーネルを作ってしまった場合、Ubuntu の起動すらできない可能性もでてきます。ただ、そうなった場合においてもブートローダーから正常に起動できるカーネルを選択すればよいだけなのですが、都度手動操作をしないといけないのが面倒です。そこで、デフォルトのカーネルを切り替えておくことにします。

図 2.2　GRUBのデフォルト画面

　まず、GRUBの設定をみて、正常に起動しているカーネルのエントリを調べ
ます。root権限がないとエラーになるのでsudoを付けます。

```
# sudo awk -F\' '/menuentry / {print $2}' /boot/grub/grub.cfg
Ubuntu
Ubuntu, with Linux 6.5.0-17-generic
Ubuntu, with Linux 6.5.0-17-generic (recovery mode)
memtest86+
Memory test (memtest86+x64.efi, serial console)
UEFI Firmware Settings
```

　ここでは「Ubuntu, with Linux 6.5.0-17-generic」となります。uname コマン
ドを使って、カーネルバージョンが合っていることも確認しておきます。

```
# uname -a
Linux yutaka-1-2 6.5.0-17-generic #17-Ubuntu SMP PREEMPT_DYNAMIC Thu Jan 11
14:01:59 UTC 2024 x86_64 x86_64 x86_64 GNU/Linux
```

　次に、「/etc/default/grub.cfg」を修正します。「/boot/grub/grub.cfg」のほう
ではないです。「GRUB_DEFAULT」の行が「0」になっていますが、ここを文字
列に置き換えます。

```
# cd /etc/default
# diff grub.org  grub
   6,8
   c6,9
< GRUB_DEFAULT=0
< GRUB_TIMEOUT_STYLE=hidden
< GRUB_TIMEOUT=0
---
> #GRUB_DEFAULT=0
> GRUB_DEFAULT="Advanced options for Ubuntu>Ubuntu, with Linux
6.5.0-17-generic"
> #GRUB_TIMEOUT_STYLE=hidden
> GRUB_TIMEOUT=15
   10c11

< GRUB_CMDLINE_LINUX_DEFAULT="quiet splash"
---
> #GRUB_CMDLINE_LINUX_DEFAULT="quiet splash"
```

update-grub コマンドで設定を反映させます。

```
# update-grub
```

　ここでUbuntu を再起動して、GRUB から指定したカーネルで上がってくる
ことをチェックします。

図 2.3　デフォルト変更後①

図2.4 デフォルト変更後②

事前準備が整ったので、Linuxカーネルをシステムにインストールします。

```
# sudo make modules_install
# sudo make install
```

GRUBの設定ファイル(/boot/grub/grub.cfg)は自動的に更新されるので、このままUbuntuを再起動すると、インストールしたカーネルで起動を行なうことができます。GRUBからインストールしたカーネルを選択して起動をかけます。Ubuntuが起動してきたら、カーネルバージョンが正しいかをチェックします。

```
# uname -a
Linux yutaka-1-2 6.7.9 #1 SMP PREEMPT_DYNAMIC Sat Mar  9 20:24:54 JST 2024
x86_64 x86_64 x86_64 GNU/Linux
```

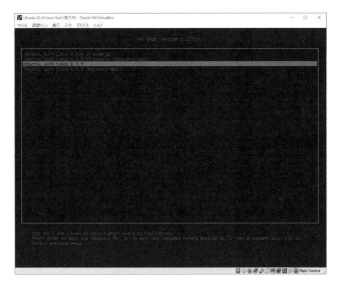

図 2.5　新しいカーネルを選ぶ

　Rustのサンプルコードとしてデバイスドライバ（カーネルモジュール）が含まれているので、正しくロードできるかをチェックします。これができないとなると、Rustサポートが有効になっていないと言えます。

```
# cd /lib/modules/6.7.9/kernel/samples/rust
# sudo insmod ./rust_minimal.ko
# lsmod
Module                 Size  Used by
rust_minimal          12288  0
vboxguest             49562.1.  5
efivarfs              24576  1
# dmesg |tail
[  460.178572] rust_minimal: Rust minimal sample (init)
[  460.178581] rust_minimal: Am I built-in? false
# sudo rmmod rust_minimal
# dmesg |tail
[ 1082.258276] rust_minimal: My numbers are [72, 108, 200]
[ 1082.258280] rust_minimal: Rust minimal sample (exit)
```

　すでに用意されているサンプルコードを実行するだけでは面白くないので、

自分でもデバイスドライバを用意してビルドして、システムに組み込んでみることにしましょう。デバイスドライバは既存のサンプルコードをベースに、シンプルに改修したものを使います。

[main.rs]

```rust
// SPDX-License-Identifier: GPL-2.0

//!
//! Sample driver
//!

use kernel::prelude::*;

module! {
    type: RustSampleDriver,
    name: "rust_sample_driver",
    author: "Yutaka Hirata",
    description: "Rust sample",
    license: "GPL",
}

struct RustSampleDriver;

impl kernel::Module for RustSampleDriver {
    fn init(_module: &'static ThisModule) -> Result<Self> {
        pr_info!("Rust sample driver was loaded.(moduled {})\n",
cfg!(MODULE));

        Ok(RustSampleDriver)
    }
}

impl Drop for RustSampleDriver {
    fn drop(&mut self) {
        pr_info!("Rust sample driver was removed.\n");
    }
}
```

次に、Makefile を用意します。

[Makefile]

```
# ドライバを構成するソースファイル
FILES = main.rs

# ドライバ名
obj-m += main.o

# ドライバのコンパイラオプションを追加したい場合は下記を指定する
#ccflags-y := -save-temps=obj

CLANG ?= clang
ifeq ($(origin CC),default)
CC := ${CLANG}
endif

MY_ARCH := ARCH=x86_64
MY_CC := CC=$(CC)

KERNELDIR := /home/yutaka/archive/linux-6.7.9

all:
    make $(MY_ARCH) $(MY_CC) -C $(KERNELDIR) M=$$PWD modules

clean:
    make $(MY_ARCH) $(MY_CC) -C $(KERNELDIR) M=$$PWD clean
```

2つのファイルを適当なディレクトリに格納してビルドします。

```
# ls
Makefile  main.rs
# make
make ARCH=x86_64 CC=clang -C /home/yutaka/archive/linux-6.7.9 M=$PWD modules
make[1]: ディレクトリ '/home/yutaka/archive/linux-6.7.9' に入ります
  RUSTC [M] /home/yutaka/src/test/main.o
  MODPOST /home/yutaka/src/test/Module.symvers
  CC [M]  /home/yutaka/src/test/main.mod.o
  LD [M]  /home/yutaka/src/test/main.ko
make[1]: ディレクトリ '/home/yutaka/archive/linux-6.7.9' から出ます
```

ビルドが成功すると、カレントディレクトリに「main.ko」ができます。

```
# ls -l main.ko
-rw-rw-r-- 1 yutaka yutaka 6312  3月 13 20:20 main.ko
# file main.ko
main.ko: ELF 64-bit LSB relocatable, x86-64, version 1 (SYSV), BuildID[sha1]
=969693f08731749e939038c1844d03a49cdbc6b5, not stripped
# modinfo main.ko
filename:       /home/yutaka/src/test/main.ko
author:         Yutaka Hirata
description:    Rust sample
license:        GPL
vermagic:       6.7.9 SMP preempt mod_unload
name:           main
retpoline:      Y
depends:
```

デバイスドライバがロードできることを確認します。

```
# sudo insmod ./main.ko
# dmesg |tail
[   93.210298] rust_sample_driver: Rust sample driver was loaded.(moduled
true)
# lsmod
Module                  Size  Used by
main                   12288  0
vboxguest              49562.1.  5
efivarfs               24576  1
# sudo rmmod main
# dmesg |tail
[ 2.1.6.721814] rust_sample_driver: Rust sample driver was removed.
```

　ここまで確認できれば、LinuxカーネルのRust入門の第一歩が踏み出せました。おめでとうございます。

2.2
ログとソースコード

　本節では、Linuxカーネルのブートログをどうやって読み解くのかについて話します。

　と言うのも、Linuxのログを読んでいて意味が分からないことが多く、解析が進まないことにやきもきすることがあるからです。

　ログ解析ノウハウは、日々の地道な努力がスキルアップにつながるので、根気よく継続していく必要があります。もしかすると、いまどきはAIに聞いてみると一発で答えを教えてくれるのかもしれません。

2.2.1　ログはどこにあるか

　Ubuntuでは「/var/log」配下に各種ログが格納されます。多数のログファイルが格納されており、テキスト形式なので直接覗くことはできますが、journalctlコマンドを使うのが楽です。

```
# journalctl -k
```

　Linuxのブートログがlessで読めます。ファイルにリダイレクトしておけば、いつでもファイルで読むことができます。

```
# journalctl -k > kern.log
```

　「/var/log/syslog」を見てもログは出力されていますが、カーネル以外のアプリケーション（アプリ）のログも大量に含まれています。Linuxカーネルやデバイスドライバが出力するログを見たい場合は、「dmesg」ファイルをチェックします。

　Linuxを再起動すると、現在のdmesgファイルはバックアップが取られます。

```
# cd /var/log
ls -ltr dmesg*
-rw-r----- 1 root adm 13073  3月 10 19:34 dmesg.4.gz
-rw-r----- 1 root adm 17979  3月 12 22:03 dmesg.3.gz
-rw-r----- 1 root adm 17869  3月 13 20:03 dmesg.2.gz
```

```
-rw-r----- 1 root adm 15080  3月 13 20:26 dmesg.1.gz
-rw-r----- 1 root adm 64087  3月 13 21:32 dmesg.0
-rw-r----- 1 root adm 63311  3月 18 18:56 dmesg
```

2.2.2　ソースコードの入手

Linux カーネルのソースコードは、下記のサイトからダウンロードできます。

```
https://www.kernel.org/
```

Ubuntu で使われているカーネルバージョンを調べるには、uname コマンドを使います。

Ubuntu 23.10 では、下記のとおりです。

```
# uname -a
Linux yutaka-1-2 6.5.0-17-generic #17-Ubuntu SMP PREEMPT_DYNAMIC Thu Jan 11
14:01:59 UTC 2024 x86_64 x86_64 x86_64 GNU/Linux
```

カーネルバージョンは「6.5.0」がベースになっていることが分かったので、前述のサイトからダウンロードすれば大丈夫です。

ただ、Ubuntu は付加価値をつけるために、Linux カーネルに手心を加えています。厳密に、Ubuntu で使われている Linux カーネルのソースコードを入手するには、Ubuntu のサイトからダウンロードしてくる必要があります。

GNOMEの「ソフトウェアとアップデート」で「Ubuntuのソフトウェア」の「ソースコード」にチェックを入れてから、下記のコマンドを実行します。

```
# apt source linux
# ls
linux-6.5.0/  linux_6.5.0-25.25.diff.gz  linux_6.5.0-25.25.dsc
linux_6.5.0.orig.tar.gz
```

「linux_6.5.0.orig.tar.gz」は Linux カーネルのオリジナルのソースコードです。「linux_6.5.0-25.25.diff.gz」が Ubuntu によるパッチです。「linux-6.5.0」というディレクトリは、すでにパッチ適用された状態のソースコードになります。

パッチファイルは gzip で圧縮された状態ではありますが、ファイルサイズ

を見ると5MBを超えていて、結構大きいですね。展開すると、23MBにもなります。中身はdiff形式のテキストファイルですが、修正量はどのくらいあるのでしょう?

```
# gzip -d linux_6.5.0-25.25.diff.gz
# ls -lh linux_6.5.0-25.25.diff
-rw-r--r-- 1 yutaka yutaka 23M  2月  9 03:18 linux_6.5.0-25.25.diff
# rg "\+" linux_6.5.0-25.25.diff | wc -l
    377446

# printf "%'d\n" 377446
    377,446
```

追加行のみをカウントしてみると約37万行もあり、とても、人間が読み込めるレベルではありません。

2.2.3 ログとソースコードを突き合わせる

それでは、具体的にログをみながら、Linuxカーネルの実装を見ていきます。あまり難しい処理を取り上げると、心が折れてしまうので、なるべくやさしいテーマをピックアップしていきたいと思います。

[ログ]

```
kernel: Linux version 6.5.0-17-generic (buildd@lcy02-amd64-034) (x86_64-
linux-gnu-gcc-13 (Ubuntu 13.2.0-4ubuntu3) 13.2.0, GNU ld (GNU Binutils for
Ubuntu) 2.41) #17-Ubuntu SMP PREEMPT_DYNAMIC Thu Jan 11 14:01:59 UTC 2024
(Ubuntu 6.5.0-17.17-generic 6.5.8)
```

最初にLinuxカーネルのバージョン情報が詳しく出ており、カーネルがいつビルドされたかの日時も出ています。
その中で、「(buildd@lcy02-amd64-034)」というのは、いったい何でしょうか?
その答えは、ソースコードを見れば分かります。

では、どうやってソースコードを検索するのか。
上記の文字列はそのままgrepに渡してもヒットはしないので、固定の文字列で探していく必要があります。このあたりは、比較的地味な作業なので慣れ

るまでが大変かもしれません。「Linux version」で探すと、それっぽいのが見つかります。

```
init/version-timestamp.c
29:    "Linux version " UTS_RELEASE " (" LINUX_COMPILE_BY "@"
```

テキストエディタでソースファイルを開きます。

[init/version-timestamp.c]

```
/* FIXED STRINGS! Don't touch! */
const char linux_banner[] =
    "Linux version " UTS_RELEASE " (" LINUX_COMPILE_BY "@"
    LINUX_COMPILE_HOST ") (" LINUX_COMPILER ") " UTS_VERSION
#ifdef CONFIG_VERSION_SIGNATURE
    " (" CONFIG_VERSION_SIGNATURE ")"
#endif
    "\n";
```

linux_banner[] というのはC言語の配列のことですが、文字列の羅列からすると、ブートログに該当することが想像できます。

ただ、この時点ではまだ確証がないので、もしかすると読みを外している可能性があります。ソースコードの調査は地道に行なわないと、間違った理解のまま進むことがあるのが怖いところです。

ここで知りたいことは「LINUX_COMPILE_BY」と「LINUX_COMPILE_HOST」なので、これらを調べます。「scripts/mkcompile_h」という怪しげなファイルで、値をセットしている処理がありました。どうやら、これのようです。

[scripts/mkcompile_h]

```
#!/bin/sh
    LINUX_COMPILE_BY=$(whoami | sed 's/\\/\\\\/')
    LINUX_COMPILE_HOST=`uname -n`
```

ファイル名は一見してヘッダファイル（.h）にみえますが、末尾が「_h」になっているのでそうではなく、一行目にshebangがあるのでシェルスクリプトであることが分かります。Ubuntuでは「/bin/sh」はdashであり、bashではありません。

このスクリプトはLinuxカーネルのビルド時に呼び出されるのではないかと

想像できます。「whoami」はビルドしたときのログインユーザーです。sedで
パイプしているのは、単にバックスラッシュをエスケープしているだけなので、
ここではあまり気にしなくてよいです。「domain\\user」のような形式を考慮
しています。

「uname -n」の「-n」については、manページをみればわかりますが、ホスト
名を返します。

以上より、「(buildd@lcy02-amd64-034)」は、「buildd というユーザーが
lcy02-amd64-034 ホストでビルド作業を行なった」という意味になります。

＊

次のログに移ります。

[ログ]

```
kernel: KERNEL supported cpus:
kernel:   Intel GenuineIntel
kernel:   AMD AuthenticAMD
kernel:   Hygon HygonGenuine
kernel:   Centaur CentaurHauls
kernel:   zhaoxin   Shanghai
```

Linux カーネルがサポートするプロセッサの一覧が表示されています。CPU
というと Intel と AMD がメジャーですが、他にもいろいろとサポートされてい
ることがわかります。

さて、この出力はどこで行なわれているのでしょう？

さっそく、ソースコードを見ていきます。

まずは「KERNEL supported cpus」で検索すると、下記がヒットします。

```
arch/x86/kernel/cpu/common.c
   2.1
   .40:   pr_info("KERNEL supported cpus:\n");
```

ソースファイルを開いてみると、early_cpu_init関数でforループがあり、プ
ロセッサの表示をしています。

```
[arch/x86/kernel/cpu/common.c]
void __init early_cpu_init(void)
{
    for (cdev = __x86_cpu_dev_start; cdev < __x86_cpu_dev_end; cdev++) {
        const struct cpu_dev *cpudev = *cdev;

                pr_info("  %s %s\n", cpudev->c_vendor,
                    cpudev->c_ident[j]);
    }
}
```

forループを見ると、「__x86_cpu_dev_start から __x86_cpu_dev_end」まで
の範囲で回しているので、これらの値を見れば、サポートするプロセッサがど
う定義されるのかが分かりそうです。

```
arch/x86/kernel/cpu/cpu.h
44:extern const struct cpu_dev *const __x86_cpu_dev_start[],
arch/x86/kernel/vmlinux.lds.S
   259
   :                    __x86_cpu_dev_start = .;
```

「cpu.h」というヘッダファイルでポインタ配列として定義はされているものの、
実体はC言語のソースコードの中にはなさそうです。「vmlinux.lds.S」という謎
のファイルに何やら定義があるので、覗いてみましょう。

```
[arch/x86/kernel/vmlinux.lds.S]
    .x86_cpu_dev.init : AT(ADDR(.x86_cpu_dev.init) - LOAD_OFFSET) {
        __x86_cpu_dev_start = .;
        *(.x86_cpu_dev.init)
        __x86_cpu_dev_end = .;
    }
```

このファイルは**リンカースクリプト**と言って、ソースコードのビルド中にリ
ンク作業の中で使われるものです。「.x86_cpu_dev.init」というセクションを集
約して、その先頭を「__x86_cpu_dev_start、末尾に __x86_cpu_dev_end」と定
義しています。つまり、先頭から末尾をたどることで、当該セクションの情報
が得られるということになります。

それでは、「.x86_cpu_dev.init」セクションというのは何なのでしょうか？
さらに検索を進めます。

[arch/x86/kernel/cpu/cpu.h]
```
#define cpu_dev_register(cpu_devX) \
    static const struct cpu_dev *const __cpu_dev_##cpu_devX __used \
    __section(".x86_cpu_dev.init") = \
    &cpu_devX;
```

cpu_dev_registerマクロでセクションの指定がありました。どうやら、この
マクロを使うと、合わせてセクションも定義されるようです。

[arch/x86/kernel/cpu/intel.c]
```
static const struct cpu_dev intel_cpu_dev = {
    .c_vendor    = "Intel",
    .c_ident     = { "GenuineIntel" },
};

cpu_dev_register(intel_cpu_dev);
```

検索すると多数ヒットしますが、Intelプロセッサの場合は上記がマクロの
使用箇所となります。最初に示したforループでも、構造体のc_vendorとc_
identの内容が表示されていました。

つまり、Linuxカーネルのコンフィグレーションにおいて、cpu_dev_
registerマクロの定義が有効となっているものが、ブートログに出力されてい
るということになります。

Linuxカーネルでは、こうしたテクニックがいたるところで使われています。

＊

[ログ]
```
Yama: becoming mindful.
```

「Yama」とはなんでしょう？日本語の山（やま）のことでしょうか。
気になったので調べてみます。

[security/yama/yama_lsm.c]
```
static int __init yama_init(void)
{
    pr_info("Yama: becoming mindful.\n");
    security_add_hooks(yama_hooks, ARRAY_SIZE(yama_hooks), &yama_lsmid);
    yama_init_sysctl();
    return 0;
}
```

yama_init関数で表示されています。これだけではよく分からないので、ソースファイルのヘッダを見ます。

```
/*
 * Yama Linux Security Module
 *
```

セキュリティに関するモジュールであることが分かりました。ソースファイル(yama_lsm.c)があるディレクトリに、Kconfigというファイルがあるので、開きます。

[security/yama/Kconfig]
```
  help
    This selects Yama, which extends DAC support with additional
    system-wide security settings beyond regular Linux discretionary
    access controls. Currently available is ptrace scope restriction.
    Like capabilities, this security module stacks with other LSMs.
    Further information can be found in
    Documentation/admin-guide/LSM/Yama.rst.
```

「ptraceという機能を制限することができる」とあります。もう少し詳しい説明は「Documentation/admin-guide/LSM/Yama.rst」に書いてあります。LSMは「Linux Security Module」の略です。

「ptrace」そのものは「man ptrace」でmanページを見れば、説明が書いてあります。gdbなどのデバッガが、プロセスにアタッチをして解析をするためにptrace機能が使われています。
　こうした便利な機能がセキュリティホールになることがあるので、LSMで制限をかけることができるようになっています。

第3章 Yocto

本章では、組み込み開発の定番であるYocto（ヨクト）について解説します。

3.1
Linuxシステムを構築する

Linuxという OSを作るためには、OSの中核となるカーネルやデバイスドライバ、ライブラリ、アプリケーションをどこかから集めてきて、システムを構築することになります。構築の際、足りないところがあれば、自分で作らないといけないこともあります。

PCやPCサーバで定番的に使われる Ubuntu や RHEL、Oracle Linux、SUSE Linux などは、それぞれの企業が営利目的で開発に取り組んでいます。もちろん、非営利目的でボランティア活動として Linux ディストリビューションを提供しているプロダクトもあります。

それでは、組み込み分野で使われる Linux の場合はどうなるのでしょうか？

ラズパイという愛称でよく知られる Raspberry Pi は、Debian をベースにした OS となっています。Ubuntu も Debian ベースですね。そのため、パッケージを更新するときはいずれも aptコマンドを使います。なぜなら、いずれもベースが同じだからです。

企業において、組み込み Linux を使ったファームウェアの開発をする場合、その企業がゼロベースで作り上げるということはありません。体力のある企業ならば、自力でシステム構築している企業もあるとは思います。

一般的には、組み込み向けの商用 Linux 製品を買ってきて、それを自社の製品に組み込み、カスタマイズを行なっていくという流れになります。

組み込み向けの商用 Linux においても、ベースとしては何らかのしくみが活用されています。商用 Linux の開発を行なっている企業が独自にベースシステムを作っている場合もあります。

Yocto は、オープンソースとして開発された組み込み向けベースシステムです。組み込み向けの商用 Linux においても、この Yocto が採用されていることもあるので、組み込み Linux 開発において Yocto は「避けては通れない道」となって

きています。

　かくいう私自身も、ここ最近になってYoctoを触るようになり、勝手が分からず四苦八苦しています。一見簡単そうに見えて、奥が深いです。

　ちなみに、Yoctoの発音は「ヨクト」や「ヤクト」なのですが、日本人はヨクトと呼ぶ人が大多数です。

3.2
ドキュメント

Yoctoに関する情報は、下記サイトから閲覧できます。

```
https://docs.yoctoproject.org/index.html
```

　ただし、Yoctoのバージョンによって設定方法が違うところがあるので、一番上にあるプルダウンメニューから合うバージョンを選ぶ必要があります。

　特に、バージョン3.4からは変数の書き方で、アンダースコアからコロンに変わっているので、インパクトのある仕様変更かと思います。

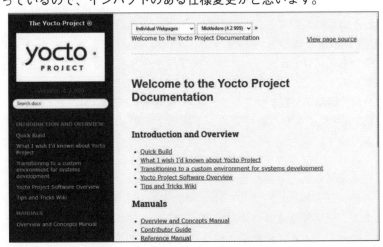

図 3.1　Yoctoのドキュメント情報

3.3
Yoctoが提供するもの

　組み込み機器を制御するファームウェアとして、Linuxシステムを採用する場合、必要となるモジュールは下記の通りです。

・ブートローダー
・Linuxカーネル
・デバイスドライバ
・アプリケーションとライブラリ

　「組み込み」という前提で話をしていますが、PCやPCサーバでも変わらないですね。組み込みLinuxで定番のブートローダーはu-bootで、GRUBではないところが違うぐらいで、あとは普通のLinuxと同じです。

　これらのモジュールをひとつずつインターネットから取ってきて、しかるべき設定を行ない、ビルドを行なう。これらの作業を手で行なおうとすると、とてつもない労力がかかりますが、これを自動化するのがYoctoの役割です。

　Yoctoそのものに対する設定は必要ですが、その設定が整っていれば、あとは全自動で必要なモジュールをすべて構築してくれます。言い換えると、Yoctoそのものには Linuxカーネルやアプリケーションなどのソフトウェアは含まれません。

　そのため、構築に必要なソフトウェアで、OSSであるものについてはインターネットのWebサイトからダウンロードするようにYoctoに対して指示をすることになります。

　ただ、欲しいソフトウェアが常にインターネットにあるわけではなく、ネット上から消滅することもあります。

　特に、組み込み機器は一度世の中で稼働すると、平気で10年以上に渡って使われます。一度稼働させた機器のファームウェアに関しては、バグ修正のみが主体となって、大きな変更を入れることはありません。

　そのため、ファームウェアのビルドに必要なモジュールは、インターネットからダウンロードしたものをローカルに大切に保存しておく必要があります。今後、10年に渡ってビルドができるようにするためです。

　企業内で独自に開発するモジュールに関しては、インターネットに公開する
ものではありませんから、こちらもローカルに保存しておくことになります。

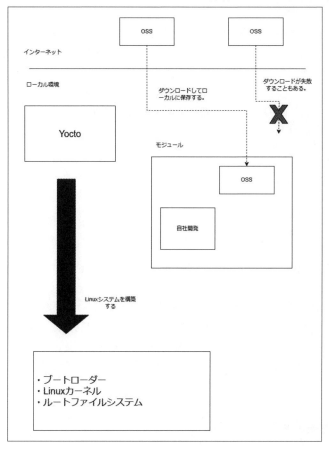

図 3.2　システム構築に必要なモジュール

3.4
ビルドの流れ

　Yoctoの最終目標は、起動して動かすことができるLinuxシステムを構築することなのですが、1つ1つのモジュールは一定の規則にしたがってビルドを行なっています。Yoctoでは、この一連のビルドの流れをタスク(Task)と呼んでいます。

　1つのモジュールのビルドの流れは以下の通りです。

①フェッチ(Fetch)
②アンパック(Unpack)
③パッチ(Patch)
④コンフィギュア(Configure)
⑤ビルド(Build)
⑥インストール(Install)
⑦パッケージ(Package)

　これらの用語はよく出てくるので、覚えておくとよいです。トラブルシュートで役に立ちます。

　私がYoctoを使っていて難しいなあと思うのが、何らかの原因によりモジュールのビルドが失敗した場合のトラブルシュートです。まずは、上記のどのフェーズで失敗したかを把握するところから調査が始まります。

　なお、上記の流れは大分類であり、実際にはもう少し細かなフェーズに分かれています。

3.4.1 フェッチ

　フェッチ(Fetch)は、ソースコードをインターネットもしくはローカルディスクから取得することを意味します。ネットからダウンロードできない、取ってきたファイルが壊れているなどの問題があると、Fetchが失敗することになります。

　なお、ここでいう「ソースコード」というのはtarballのことです。tarballというのは拡張子が「.tar.gz」や「tar.xz」などのバイナリファイルのことを指します。複数のファイルやディレクトリをtarというファイルにひとまとめにすることをアーカイブと言います。このファイルの拡張子は「.tar」になります。このファイルだけではファイルサイズが大きいので、gzipなどで圧縮したものが「tar.gz」などになります。

　WindowsではZIPファイル(.zip)が標準ですが、Linuxではtarballが標準です。

3.4.2 アンパック

　取得した tarball を展開（Extract）して、ソースコードを取り出すことを**アンパック（Unpack）**と表現しています。日本では展開のことを解凍(Unfreeze)と呼ぶこともありますが、英語圏では「Extract」が使われます。

　tarball の中身が壊れている場合は、展開に失敗するので、ここでエラーとなります。

3.4.3 パッチ

　ソースコードを取得できたら、それをそのまま使うこともありますが、バグ修正や機能追加をいれたい場合があります。その場合、ソースファイルに対して修正を加えることになるのですが、このことを**パッチ(Patch)**と呼びます。

　つまり、「ソースコードにパッチを当てる」という言い方をした場合、それは一部のソースファイルに対して、何らかの修正を加えるという意味になります。

　さらに昔は、バイナリファイルそのものに修正を加えることをパッチと呼んでいたそうですが、本来のパッチはバイナリに対するものらしいです。私は、そのことを若手のときに職場の先輩方から教えてもらいましたが、実際に自身が経験したことではないのでピンときませんでした。

　このパッチ適用が失敗すると、ビルドがここで止まります。パッチの実態は「diff コマンドの出力結果」であり、そこにはソースファイルの何行目からをどう変えるかが書かれています。

　パッチの適用先であるソースファイルが、本来想定している内容と少しでも異なっていた場合、パッチ処理としてはなるべく適用できるように努力はします。それでも適用がダメだった場合はエラーとなるわけです。

　なお、パッチ適用のエラーが発生することがなかった場合においても、ソースファイルに対して期待通りの修正が加えられたかは、目視確認でチェックする必要があります。ときどき、期待通りの適用になっていないということが起こりうるからです。

3.4.4 コンフィギュア

コンフィギュア (Configure) というのは、ビルドを行なうための前準備のことです。ビルドのための設定と言ったほうが適切かもしれません。

ソースコードはプログラマである人間が読みやすいように記述したものなので、そのままではコンピュータ上では動きません。ソースコードをビルドして機械語(マシン語)に変換することで、コンピュータ上で動くものができあがります。

このときビルドに使うツールのことを**コンパイラ**と言います。ソースコードを構成するファイルが1つだけであれば、コンパイラにソースファイルを指定してあげれば、実行プログラム(機械語)が生成されます。

しかし、ソースファイルが多数存在すると、もはや手動で管理するのは不可能です。そこで、Linuxではmakeという仕組みが活用されています。

Makefileと呼ばれるファイルに、ソースファイルをどのようにビルドするかを指定しておくことで、あとはmakeコマンドを一発叩くだけで、各々のソースファイルに対してコンパイラが起動してくれるようになります。

ただ、このMakefileはビルドする環境によって記述方法が変わってきます。たとえば、実行プログラムをインストールパスなどがそうです。実行プログラムを「/usr/bin」に格納したい場合もあれば、「/usr/local/bin」のほうがよいということもあるでしょう。

そこで、configureというスクリプトを使うことで、ビルド環境に最適なMakefileを自動生成することができます。このスクリプトの名前が「configure」なので、Yoctoでもconfigureという呼称を使っているのだと思います。

なお、configureを使うことなく、最初からMakefileを用意しておいても問題はないので、その場合はconfigureでやるべきことはなし、という扱いになります。

3.4.5　ビルド

make コマンドを実行して、ビルド(Build)を行ないます。

make が失敗すると、ビルドもできていないことになるため、原因を調べる必要があります。make が成功した場合においても、実行プログラムが期待通りに作成できているかをチェックする必要があります。

3.4.6　インストール

ビルドしてできたファイルを特定のディレクトリにコピーを行ないます。まだ、この段階ではルートファイルシステムには含まれません。

このコピー操作のことをインストール(Install)と呼んでいます。

通常、インストール処理は「make install」コマンドを実行して行ないます。そのため、Makefile に install の記述が必要となります。ただ、このやり方では都合が悪い場合があります。というのも、OSS では「make install」で実行プログラムの他に、man ページやヘッダファイルなどもまとめてコピーするものがあります。

組み込み Linux のシステム構築を行なう場合、不要なファイルをルートファイルシステムに含めたくない場合は、「make install」に任せるのではなく、独自にインストール処理を定義する必要があります。

3.4.7　パッケージ

パッケージ化のための分析と処理を行ないます。

Yocto ではビルドの最後に、RPM(.rpm) や Debian(.deb)、IPKG(.ipk) のパッケージファイルを作ります。デフォルトでは RPM パッケージが作られます。

ただ、ファームウェアとして組み込み Linux を採用する場合、ファームウェアは製品の ROM に書き込みをしてしまいます。よって、パッケージを使う場面はないので、Yocto が生成するパッケージについてはあまり気にしなくてもよいです。

ちなみに、RPM は Red Hat 系 Linux で使われているパッケージです。Debian は Debian 系 Linux で使われているパッケージで、Ubuntu やラズパイも該当します。IPKG というのは、私は知らなかったのですが、Linux ザウルス(個

人向けの情報端末でシャープ製)で使われていたパッケージだそうです。いまでは、一般的には使われてはいないと思います。

3.5
ソースコードを手動でビルドしてみる

　私は古い世代の人間なので、むかしからHP-UXやLinuxなどのUNIX系OSにおいては、ソースコードからビルドして実行プログラムを作っていました。しかし、昨今ではそのようなめんどくさいことはせず、rpmやaptなどのパッケージ管理コマンドを使って、ビルド済みのバイナリそのものを導入するのが一般的です。そのため、ソースコードからビルドしたことがない人のほうが多いと思います。

　Yoctoのビルドの流れを理解するためには、一度自分でソースコードからビルドしてみるのがよいと、私は考えています。そこで、本節ではtarballを展開して、ソースコードからビルドする手順を紹介します。

　ここで検証に使うソフトウェアは **BusyBox** (ビジーボックス) です。BusyBoxは組み込みLinuxでは定番のソフトウェアで、Linuxのコマンド群をサポートします。バイナリサイズを小さくすることができるのが特徴で、ROMの容量が限られる組み込みでは重宝します。ただし、PCで使われるLinuxと比べて、コマンドの機能も縮小化されているのがデメリットではあります。

・**BusyBox**
https://busybox.net/

　まずはtarballをダウンロードします。これがフェッチ(Fetch)に相当します。

```
# wget https://busybox.net/downloads/busybox-1.36.1.tar.bz2
```

　fileコマンドを使うと、ファイルの種類がわかります。tarファイルをbzip2で圧縮したものであるようですね。

```
# file busybox-1.36.1.tar.bz2
busybox-1.36.1.tar.bz2: bzip2 compressed data, block size = 900k
```

それでは、tarball を展開します。

```
# tar xf busybox-1.36.1.tar.bz2
# ls
busybox-1.36.1/  busybox-1.36.1.tar.bz2
```

ソースコード一式が出てきます。ここで試しにソースコードのステップ数を
測ってみましょう。cloc コマンドを使うと、ソースファイルの中からコメン
トや空行と、実効行に分割して数えてくれます。

以下、実行結果から抜粋です。

```
# cd busybox-1.36.1
# cloc .
Language              files         blank       comment          code
-------------------------------------------------------------------------
C                       682         27770         61526        182966
-------------------------------------------------------------------------
SUM:                    976         32328         67227        209500
```

BusyBox 1.36.1 では実効行が20万行で、コメントだけでも7万行近くあり、
なかなか大規模なソフトウェアです。また、clocの結果からBusyBoxは主に
C言語で実装されていることもわかります。

次に、ソースファイルの中を覗いてみましょう。Makefileはあるでしょうか?

```
# ls
AUTHORS             README
Config.in           TODO
INSTALL             TODO_unicode
LICENSE             applets/
Makefile            applets_sh/
Makefile.custom     arch/
Makefile.flags      archival/
Makefile.help       busybox_ldscript.README.txt
```

Makefile はありましたね。ということは、configure スクリプトによる
Makefileの生成は不要であることが分かります。そうすると、そのままmake
コマンドを叩けばビルドできるのでしょうか?

ビルド方法はOSSごとに違っていて、似て非なるものなので、OSSに付属

のドキュメントを読む必要があります。BusyBox の場合は「README」と
「INSTALL」というファイルがみえるので、「INSTALL」にビルド手順が書いて
あるように思えますね。

　英語圏では単語がすべて大文字である場合、強調という意味合いを持つので、
ファイル名を目立たせる役割を果たします。また、Linux の ls コマンドを実行
した場合、大文字が優先させて先に表示されるので、見つけやすくなっています。

　INSTALL ファイルを読むと、ビルド手順は下記の通りと記載がありました。

①make menuconfig
②make

「make menuconfig」が、コンフィギュアに相当します。
　ここでは、デフォルトの設定でビルドをしてみたいだけなので、以下の操作
を行ない、コンフィギュアを完成させます。

```
# make menuconfig
そのままExit して Save する。
# ls -l .config
-rw-rw-r-- 1 yutaka yutaka 29398 11月 11 17:25 .config
```

　カレントディレクトリに「.config」というファイルができていれば問題あり
ません。
　それでは、make コマンドを実行してビルドを行ないます。

```
# make
```

　ビルドが成功したら、カレントディレクトリに実行プログラムができている
ので、起動してみましょう。

```
# ls -lh busybox busybox_unstripped
-rwxrwxr-x 1 yutaka yutaka 1.1M 11月 11 18:02 busybox*
-rwxrwxr-x 1 yutaka yutaka 1.3M 11月 11 18:02 busybox_unstripped*
# ./busybox
BusyBox v1.36.1 (2023-11-11 17:25:51 JST) multi-call binary.
BusyBox is copyrighted by many authors between 1998-2015.
Licensed under GPLv2. See source distribution for detailed
copyright notices.

Usage: busybox [function [arguments]]...
```

BusyBoxのヘルプが表示されました。問題なく動いているようです。

以上の流れがソースコードのビルドになります。Yoctoが裏でやっていることは、まさにこのようなことです。

3.6
レシピ

Linuxシステムに組み込みたいソフトウェアがあった場合、そのソフトウェアをどのようにビルドするかを指示する必要があります。この指示の仕方をYoctoではレシピ(Recipe)と呼んでいます。料理のレシピと同じで、作り方を表現したものです。

レシピは拡張子が「.bb」のファイルで記述します。なぜ、「.bb」という名前なのかはわかりませんが、bitbakeというコマンドを使ってビルドを行なうからではないかと思っています。

ここで、1つレシピの例を見てみることにします。

下記はZIPコマンドのレシピファイルから抜粋して一部カットしたものです。

[zip_3.0.bb]

```
SUMMARY = "Compressor/archiver for creating and modifying .zip files"
HOMEPAGE = "http://www.info-zip.org"


LICENSE = "BSD-3-Clause"
LIC_FILES_CHKSUM = "file://LICENSE;md5=04d43c5d70b496c032308106e26ae17d"


SRC_URI = "${SOURCEFORGE_MIRROR}/infozip/Zip%203.x%20%28latest%29/3.0/
zip30.tar.gz \
           file://fix-security-format.patch \
           file://10-remove-build-date.patch \
           file://zipnote-crashes-with-segfault.patch \
           file://0001-configure-use-correct-CPP.patch \
           file://0002-configure-support-PIC-code-build.patch \
           file://0001-configure-Use-CFLAGS-and-LDFLAGS-when-doing-link-tes.patch \
           file://0001-configure-Specify-correct-function-signatures-and-de.patch \
           file://0002-unix.c-Do-not-redefine-DIR-as-FILE.patch \
           file://0001-unix-configure-use-_Static_assert-to-do-correct-dete.patch \
           "
```

　Linuxで動作するZIPコマンドはOSSであるため、「LICENSE」でOSSライセンスの定義があります。

　「SRC_URI」では、OSSをどこのサイトからダウンロードするのかの指定をしています。GitHubではなくSourceForgeを指定していることから、結構古いOSSであることがわかります。

　ZIPの配布サイトをたどっていくと、下記に行き着くのですが、最終リリースが2008年とすごく古いようですね。

```
https://sourceforge.net/projects/infozip/files/Zip%203.x%20
%28latest%29/3.0/
```

　「SRC_URI」で、パッチファイル(.patch)の指定があるのは、残存するバグを修正するのが目的であることも見てとれます。

```
do_compile() {
    oe_runmake -f unix/Makefile flags IZ_BZIP2=no_such_directory
    sed -i 's#LFLAGS1=""#LFLAGS1="${LDFLAGS}"#' flags
    oe_runmake -f unix/Makefile generic IZ_BZIP2=no_such_directory
}
```

　ビルドの処理は、「do_compile()」に記載があります。単純にmakeコマンドを実行するだけではなく、何やら複雑なことをやっています。このOSSはなにぶん古いソフトウェアなので、簡単にビルドできるというわけではなく、試行錯誤のあとが伺えます。

　Yoctoはレシピを作ることが主体の作業となります。レシピ自体の記述は難しくはないのですが、思いの外、簡単にビルドが通らないので、そのトラブルシュートに苦労させられます。こういったところがノウハウであり、経験になるということです。

3.7
環境構築を始める

　それでは、ここからYoctoを使うための環境構築を始めていきます。作業の流れについては、基本的に「Yocto Project Quick Build」に従います。

https://docs.yoctoproject.org/brief-yoctoprojectqs/index.html

　Yoctoは主にPythonで実装されているので、Pythonが動作するLinuxディストリビューションであればよいことになります。ただ、なんでもいいかというと、そういうわけでもなくて、Yoctoが正式にサポートしている種類とバージョンでないと正しく動作しません。

　たとえば、同じUbuntuでもバージョンが少し異なるだけで、とたんにツールが動かなくなるということはよくあることです。そして、動かない場合、ネットを探してもなかなか情報がないため、結局は自力で解決する必要があり、時間の無駄です。よって、Linuxディストリビューションは正式サポートしているバージョンを使うのが鉄則です。

　下記に、Yoctoが正式サポートするLinuxディストリビューションが記載されています。今後、この記載内容はどんどんアップデートされて変わっていくことでしょう。

https://docs.yoctoproject.org/ref-manual/system-requirements.html#supported-linux-distributions

　本書ではUbuntuを使いますが、正式サポートバージョンは下記になります。
・**Ubuntu 20.04 (LTS)**
・**Ubuntu 22.04 (LTS)**

　本当はUbuntu 23.XXを使いたかったのですが、サポート一覧にないので、Ubuntu 22.04 LTSを使うことにしました。

3.8
Ubuntuのセットアップ

　Ubuntu 22.04 をインストールして、自由に使える環境を作ります。Ubuntu の環境構築は人それぞれなので、自分の好きなやり方でよいでしょう。

　私は Oracle Virtual Box という仮想マシン(VM) を気に入っているので、そちらを使ってやり方を説明します。作成した VM のイメージはエクスポートしてファイルに書き出すことで、他の人に環境そのものを渡すことができます。Oracle Virtual Box で VM イメージのインポートをするだけなので、手順も簡単です。実際、私は取引先の企業で VM イメージの構築と、プロジェクトチーム内への展開も行なっていて、喜んでもらえているようです。

3.8.1　ISOイメージファイルの入手

　「Ubuntu 22.04」で Google 検索すると、ISO イメージファイルが見つかるので、こちらをダウンロードします。

```
https://releases.ubuntu.com/jammy/
```

　「Desktop image」と「Server install image」がありますが、前者のファイル「ubuntu-22.04.3-desktop-amd64.iso」のほうです。4.69GB もありますが、いまどきはネット回線も高速なので、ダウンロードもすぐに終わると思います。

　私の居住地では光ファイバが無料で提供されており、大家ルータも高級品が使われているのか、かなりのスピードがでるので重宝しています。

```
https://speedtest.gate02.ne.jp/
```

　USENのインターネット回線スピードテストで計測してみると、ダウンロードで150Mbps、アップロードで85Mbps がでました。

　bps は Bit per second の略ですから、150Mbps だと1秒間に150M ビットのデータを通信できるということです。8ビットで1バイトなので、1秒間に約18MB のデータをダウンロードできるということになります。PowerShell を使えば、電卓代わりになるので便利です。

```
PS yutaka> 150/8
18.75
```

　4.69GBのファイルをダウンロードする時間は、18MBで割り算すればよい
ですね。

```
PS yutaka> 4.69GB / 18MB
266.808888888889

PS yutaka> 266/60
4.43333333333333
```

　PowerShellでは「GB」や「MB」といった表記がそのまま使えるので、これまた
便利です。計算した結果、ISOファイルは約5分でダウンロードできることにな
ります。すごい時代になったものです。　今から20年以上前にADSLが主流だっ
たころは、回線スピードが1Mbpsだったので、LinuxのISOファイルをダウンロー
ドするのに一晩かかっていました。Linux系コンピュータ雑誌の付録にCD-ROM
があったので、雑誌を買ったほうが速いという時代でもありました。

3.8.2　VMの導入

　WindowsにOracle Virtual Boxを導入します。このとき気をつけることとし
て、Hyper-VやVMwareなどの他のVMとの共存が基本的にできないので、他
のVMは稼働中ならば停止させておいたほうが無難です。
　VMの共存は昨今になってできるようにはなってきているのですが、VMに
関する知識や経験が充分でないと、トラブルシュートに時間がかかると思いま
す。また、VMを共存して同時に動作させるとなると、PCに要求されるCPU
性能やメモリの容量も高くなるので、ハイスペックなマシンが必要です。

　Oracle Virtual Boxは下記のサイトからダウンロードできます。私は
Windows10およびWindows11に導入して使っています。

> ・Oracle Virtual Box
> https://www.virtualbox.org/

　Oracle Virtual BoxでVMを構築して、Ubuntuをインストールしたあと、
Oracle Virtual Boxをバージョンアップした場合、Ubuntuはそのまま使えます。
ただし、後述する「Guest Additions」を導入していた場合は、このツールのアッ
プデートが必要となります。

　ところで、Oracle Virtual Box を Windows に導入すると、デバイスマネージャーのネットワークアダプターに「VirtualBox Host-Only Ethernet Adapter」が追加されます。これは Oracle Virtual Box がソフトウェアで作り出したネットワークカードのことで、Windows にあたかも物理的なネットワークカードが搭載されたかのようにみせています。

　コマンドラインから ipconfig コマンドを実行すると、VM のネットワークアダプターに IP アドレスが割り振られていることも分かります。ここでデフォルトゲートウェイが空になっていることに注目です。

```
PS yutaka> ipconfig
イーサネット アダプター VirtualBox Host-Only Network:

   接続固有の DNS サフィックス . . . . .:
   リンクローカル IPv6 アドレス. . . . .: fe80::bc95:f6a6:984e:627f%7
   IPv4 アドレス . . . . . . . . . . . .: 192.168.56.1
   サブネット マスク . . . . . . . . . .: 255.255.255.0
   デフォルト ゲートウェイ . . . . . . .:
```

　このような仮想的なネットワークカードが追加されるのはなぜでしょうか？
　それは VM 上の OS が、ホスト OS（Windows PC）とネットワーク通信を行なうために必要となるからです(ただし、例外あり)。ネットワーク通信を行なうためには、IP アドレスが必要で、1 つのネットワークカードが必要となります。厳密にいうと、IP エイリアスという機能を使うことで、1 つのネットワークカードに複数の IP アドレスを設定することができるのですが、ここでは話の対象外とします。

　通常、2 つのアプリや OS がネットワーク通信をするためには、1 つのネットワークカードを使って、物理的に離れた場所同士でデータのやりとりを行ないます。（図3.3）

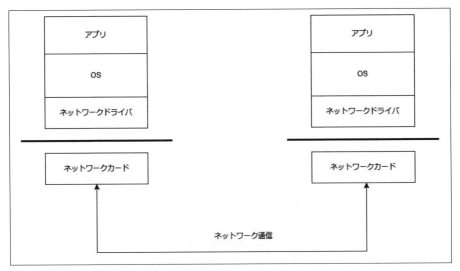

図 3.3 拠点でのネットワーク通信

VMを使ってやりたいことは、1つのOS(ホストOSと呼ぶ)の上で、さらに別のOS(ゲストOSと呼ぶ)を動かすことです。

Oracle Virtual Boxではネットワーク構成としてNATやブリッヂ、内部通信、ホストオンリー通信、クラウドネットワークなど様々な方法をサポートしています。ここではホストオンリー通信(Host-only Networking)についてお話します。この通信では「VirtualBox Host-Only Ethernet Adapter」を活用します。**(図3.4)**

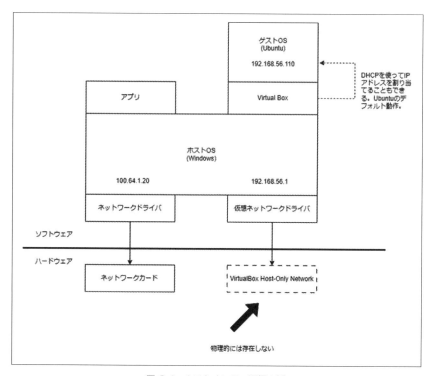

図 3.4　ホストオンリー通信の例

VMで動くOS(ゲストOS)には手動でIPアドレスを割り振ることもできますが、DHCPを使って動的に割り振ることもできます。DHCPサーバはVMが提供するので、ホストOSにDHCPサーバを導入する必要はありません。

ホストOSでは「192.168.56.1」というIPアドレスが設定されており、ゲストOSからみれば、ホストOSとはネットワークスイッチで単純につながっているようにみえます。つまり、ホストOSからゲストOSの「192.68.56.110」に対してpingが通ります。ゲストOSのUbuntuにSSHサーバを導入すれば、「192.68.56.110」に対してSSH接続ができるようになります。

以下、Windowsのコマンドライン(PowerShell)からつないだ様子です。

```
PS yutaka> ping 192.168.56.110
PS yutaka> ssh yutaka@192.168.56.110
yutaka@192.168.56.110's password:
Welcome to Ubuntu 22.04.3 LTS (GNU/Linux 6.2.0-34-generic x86_64)
```

ゲストOSであるUbuntuから「192.168.56.1」に対して、pingは通ります。ただし、Ubuntuからインターネットに接続しようとすると、できません。

Ubuntuのルーティングテーブルを見ると、デフォルトゲートウェイがありません。

つまり、ホストオンリー通信(Host-only Networking)ではホストOSとゲストOSの間のみでしか通信ができない方式となります。

```
# ping www.google.com
ping: www.google.com: 名前解決に一時的に失敗しました
# ip route
169.254.0.0/16 dev enp0s8 scope link metric 1000
192.168.56.0/24 dev enp0s8 proto kernel scope link src
192.168.56.110 metric 100
```

この方式のメリットとしては、社内のイントラネットに検出されないように、自PCでゲストOSを立ち上げて使いたいという目的に合います。特に、セキュリティにうるさい企業ではゲストOSからインターネットに接続することを禁止しているところもあります。なぜなら、情報漏洩のリスクがあるからです。

*

ゲストOSであるUbuntuからインターネットに接続するためには、VMのNAT機能を使う必要があります。

NAT (Network Address Translation) とは、IPアドレスの変換を行なう機能のことです。厳密には、**NAPT (Network Address and Port Translation)** と言うIPアドレスとポート番号をあわせて変換する機能ことをNATと呼ぶこともあります。

図3.5で、Oracle Virtual BoxでNAT機能を使用した場合について示します。

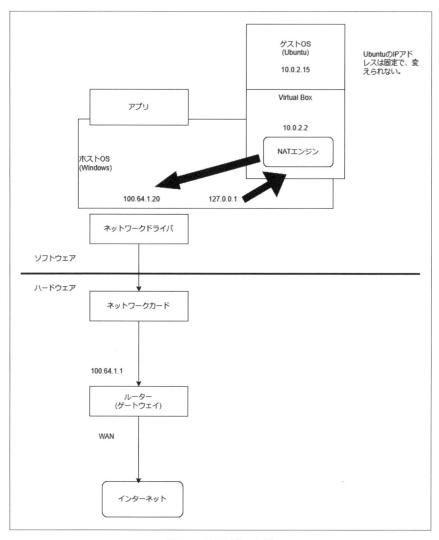

図 3.5 NATを使った例

VMにおけるNATは、普段自宅でインターネットを使う場合と考え方は同じなので、比較してみると理解がしやすいと思います。

①自宅のPCからインターネットへ通信を出す。

②ブロードバンドルータへ通信を出す。

③ブロードバンドルータからNATで変換を行ない、WANへ通信を出す。

上記をVMのUbuntuに置き換えると、以下になります。

①Ubuntu(10.0.2.15)からインターネットへ通信を出す。

②デフォルトゲートウェイ(10.0.2.2)へ通信を出す。

③デフォルトゲートウェイからNATで変換を行ない、ホストOSのネットワークデバイスへ通信を出す。

　UbuntuのIPアドレスは10.0.2.15が割り振られており、特に変える必要はありません。

```
# ip a
2: enp0s3: <BROADCAST,MULTICAST,UP,LOWER_UP> mtu 1500 qdisc fq_codel state
UP group default qlen 1000
    link/ether 08:00:27:b6:22:3d brd ff:ff:ff:ff:ff:ff
    inet 10.0.2.15/24 brd 10.0.2.255 scope global dynamic noprefixroute
enp0s3
       valid_lft 86036sec preferred_lft 86036sec
    inet6 fe80::2a34:cac3:4e32:14eb/64 scope link noprefixroute
       valid_lft forever preferred_lft forever
```

　デフォルトゲートウェイは「ip route」コマンドでルーティンテーブルを見ると分かります。「10.0.2.2」がありますが、これはVM内部に存在するIPアドレスであり、ホストOSであるWindowsからは見えません。

　ところで、昔は「route print」コマンドでルーティンテーブルが分かりましたが、現在は非推奨のコマンドとなっており、デフォルトでは使えなくなっています。

```
# ip route
default via 10.0.2.2 dev enp0s3 proto dhcp metric 100
10.0.2.0/24 dev enp0s3 proto kernel scope link src
10.0.2.15 metric 100
169.254.0.0/16 dev enp0s3 scope link metric 1000
```

　デフォルトゲートウェイに対してUbuntuからはpingは通ります。ARPテーブルを見ると、IPアドレスに対応するMACアドレスも分かりますね。

ちなみに、ARPテーブルをみるコマンドはarpコマンドではなく、現在ではipコマンドが使われます。IPv4では**ARPテーブル**という名称でしたが、IPv6では**近隣キャッシュ(Neighbor cache)**という呼び名に変わっています。

```
# ping 10.0.2.2
PING 10.0.2.2 (10.0.2.2) 56(84) bytes of data.
64 bytes from 10.0.2.2: icmp_seq=1 ttl=64 time=0.156 ms
# ip neighbo
10.0.2.2 dev enp0s3 lladdr 52:54:00:12:35:02 REACHABLE
```

さて、ホストOSであるWindowsからゲストOSのUbuntuに対して、通信を行なうにはどうすればよいのでしょうか?

10.0.2.2はWindowsからは隠蔽されているので、pingを通せません。この問題を解決するには、VMに「ポートフォワーディング」の設定が必要です。この設定によって、たとえばIPアドレス127.0.0.1とポート番号4022に通信すると、VMのNATエンジンにより、Ubuntuの22番ポートに接続できます。

つまり、WindowsからUbuntuに対してSSH接続が可能になるわけです。

3.8.3 Ubuntuのインストール

早速、VMにUbuntuをインストールしていきます。ここではOracle Virtual Box 7.0.10を使った手順で説明していきます。

手 順

[1]新規ボタンでISOファイルを指定します。
「Skip Unattended Installation(自動インストールをスキップ)」にチェックを入れます。

[2]ハードウェアでメモリを8GB(8192MB)、CPUを2個にして、「Enable EFI(special OSes only)」にチェックを入れます。
メモリの割当をもっと増やせるのであれば、CPUの割当も2個より大きくしてもよいのですが、Yoctoのビルドが失敗することがあるので、CPU2個にしています。ただし、その分、ビルド時間も長くなります。

[3]ハードディスクで「Create a Virtual Hard Disk Now」にチェックをいれて、Disk Sizeは「225GB」にします。ディスク容量は多めにしておいたほうがよいです。後で足りなくなってもOSを壊すことなく、ディスク拡張はできるのですが、手順が面倒です。

　ここまでが、メモリとディスクの割当となります。次に、Virtual Boxに対して、いかに示す設定を行ないます。

●一般 - 高度の設定

・クリップボードの共有：双方向
・ドラッグ＆ドロップ：双方向

　「クリップボードの共有」を設定しておくと、UbuntuのGNOMEとWindows間でクリップボードの共有ができるので、便利です。

　「ドラッグ＆ドロップ」(D&D)を設定することで、UbuntuのGNOMEとWindows間でD&Dによるファイルのやりとりができるはずなのですが、デフォルトでは動作しないようです。そこで、Ubuntuのインストール完了後に下記のようにWaylandを無効化することで、筆者の環境ではD&Dできました。

```
# sudo -s
# vi /etc/gdm3/custom.conf

#WaylandEnable=false
↓
WaylandEnable=false
```

　ただ、Waylandを無効化したくない場合は、このやり方はおすすめできないです。WaylandというのはX11 window systemプロトコルとアーキテクチャを置き換えるためのソフトウェアのことです。また、Ubuntu 23.04ではこのやり方でもD&Dできませんでした。

　いずれにしても、これらの機能が不要ということであれば、特に有効化する必要もないでしょう。

＊

Virtual Boxに対して、ネットワークの設定を行ないます。
この設定がないと困るので必須です。

●ネットワークの設定①

・アダプター1
　割り当て　NAT

[ポートフォワーディング]ボタンで、下記の設定を追加する。

名前　　　　：SSH
プロトコル　：TCP
ホストIP　　：空
ホストポート：4022
ゲストIP　　：空
ゲストポート：22

●ネットワークの設定②

・アダプター2
　割り当て ホストオンリーアダプター

　NATの設定ではlocalhostの4022番ポートをSSHに割り当てていますが、ここは読者の環境に合わせて好きな番号を指定すればよいです。この番号は他のアプリがすでに使っていると、Virtual BoxによるNATが正常に動きません。

＊

　以上で、事前準備は終わりです。続けて、Virtual Boxから起動してUbuntuのインストールを進めます。

3.8.4　Ubuntuの起動とセットアップ

　Ubuntuのインストールが終わったら、起動を行ないます。
　起動後は、まず初期設定を行ないます。もっとも、ここに紹介するのは筆者の好みなので、そうしなければならないというわけではありません。

●GNOMEの設定

　GNOMEの設定で「プライバシー」で、画面ロックを無効にします。離席中のセキュリティを気にする必要がないのに、画面がロックされると困るからです。

　「ソフトウェアとアップデート」で、「Ubuntuのソフトウェア」の「ソースコード」にチェックを入れます。こちらはUbuntuパッケージのソースコードを取得で

きるようにしたいからです。ソースコードを読む必要がなければ、不要です。

「アップデート」で、「自動ダウンロードをしない。」とします。Ubuntuは一度インストールすると、定期的にパッケージの更新がないかをチェックします。常にUbuntuを最新化したいのであれば、デフォルトの設定でよいと思いますが、そうではないならば必要に応じてアップデートすればよいでしょう。

●SSHの導入

WindowsとUbuntu間で何らかのやりとりをするには、UbuntuにSSHサーバを導入する必要があります。SSHが使えると、Ubuntuに対して端末操作ができ、SCPやSFTPなどを使ってファイルの送受信ができます。

Ubuntuにログインをして GNOME から端末を起動します。

パッケージの導入はroot権限が必要なのですが、インストール時に作成したユーザーアカウントからsudoコマンドでroot権限に昇格できます。

Ubuntuではデフォルトでrootユーザーのパスワードがロックされているため、rootではログインできないようになっています。「/etc/shadow」ファイルを覗くと、ビックリマークがあることが、そのことを示しています。

```
# less /etc/shadow
root:!:19641:0:99999:7:::
```

SSHサーバの導入方法は下記の通りです。ついでに、vimも入れています。

Ubuntuにはデフォルトでvimが入っていますが、こちらは機能削減バージョンなのでフルバージョンを入れるために、このようにしました。

```
# sudo -s
# apt update
# apt install openssh-server
# apt install vim
```

aptコマンドでパッケージをダウンロードできない場合、VirtualBoxのNAT設定が有効になっていない可能性があります。社内イントラネットの制限で、プロキシーを通さないとインターネットに接続できない場合もあります。

●SSH接続を行なう

Windowsから Ubuntuに対してSSH接続して、Ubuntuにログインできるか
を確認します。Windows10/11では、OpenSSHが導入されているので、コマ
ンドラインからsshコマンドを使うことができるようになっています。もちろ
ん、Tera TermやPuTTYなどのターミナルソフトを使ってもよいでしょう。

昨今ではVSCode(Visual Studio Code)からSSH接続する方法が人気ありま
す。VSCodeの拡張機能「Remote - SSH」を導入することで利用できます。下
図に示します。「%USERPROFILE%\.ssh」フォルダ配下に「config」ファイルを
作成して、接続先のホスト情報を記載します。Include行はPuTTYのpageant
認証を行なうためのものであり、その認証が不要ならば、行の記載も不要です。

[%USERPROFILE%\.ssh\config]

```
Include pageant.conf

Host Ubuntu
    HostName localhost
    Port 4022
    User yutaka
```

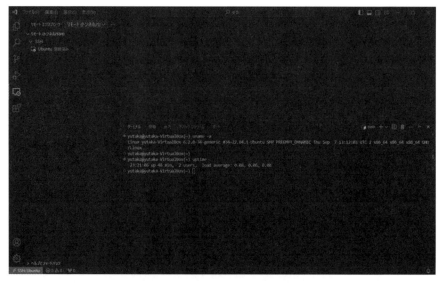

図3.6　VSCodeからSSH接続を行なう

　ここではWindows Terminalからsshコマンドを使うやり方で進めます。この方法のメリットは、Windowsの標準機能のみを使うので、別途ツールを導入する必要がないことです。特に、職場や客先ではパソコンに勝手にツールを入れられない場合もあり、そういった環境でも作業をしないといけないことがあります。似たような経験がある読者もいると思います。

　Windows Terminalを起動すると、コマンドライン環境としてPower Shell7が選択されます。
　Windows10では意図的にPower Shell7を入れていないと、Power Shell5.1になります。Power Shellのバージョンは特に気にしないならばバージョンはそのままでよいですが、Microsoftとしては将来5.1を破棄して、7に一本化したいようです。

　まずは、sshコマンドが使えるか確認をします。

```
PS yutaka> ssh -V
OpenSSH_for_Windows_8.1p1, LibreSSL 3.0.2
```

　デフォルトで「ssh.exe」にPATHが通っています。フルパスを調べたい場合はwhere.exeを使うか、Get-Commandを使います。
　「where」は、PowerShellでは別の意味をもつので、ここでは使いません。

```
PS yutaka> where.exe ssh
C:\Windows\System32\OpenSSH\ssh.exe
PS yutaka> Get-Command ssh.exe

CommandType     Name                                               Version
Source
-----------     ----                                               -------
------
Application     ssh.exe                                            8.1.0.1
C:\WINDOWS\System32\OpenSSH\ssh.exe
```

　Virtual BoxでNAT設定をlocalhostの4022ポートで行なっていた場合、SSH接続するには下記のコマンドラインを入れます。

```
PS yutaka> ssh -Y -p 4022 yutaka@localhost
```

「@」の前はUbuntuにログインするユーザー名なので適宜修正します。「-Y」
はX11転送を有効にするオプションなので、不要なら指定しなくてよいです。

以上で、SSH接続ができますが、ある日突然、下記のようなエラーがでて、
SSH接続ができないことがあるかもしれません。

```
PS yutaka> ssh -Y -p 4022 yutaka@localhost
@@@@@@@@@@@@@@@@@@@@@@@@@@@@@@@@@@@@@@@@@@@@@@@@@@@@@@@@@@@@@@@@
@    WARNING: REMOTE HOST IDENTIFICATION HAS CHANGED!      @
@@@@@@@@@@@@@@@@@@@@@@@@@@@@@@@@@@@@@@@@@@@@@@@@@@@@@@@@@@@@@@@@
IT IS POSSIBLE THAT SOMEONE IS DOING SOMETHING NASTY!
Someone could be eavesdropping on you right now (man-in-the-middle attack)!
It is also possible that a host key has just been changed.
The fingerprint for the ECDSA key sent by the remote host is
SHA256:K7b+6SF+7G3LYBXS88i6f6RP8ZJjjENZrxyR2U519TE.
Please contact your system administrator.
Add correct host key in C:\\Users\\yutaka/.ssh/known_hosts to get rid of
this message.
Offending ECDSA key in C:\\Users\\yutaka/.ssh/known_hosts:1
ECDSA host key for [localhost]:4022 has changed and you have requested
strict checking.
Host key verification failed.
```

このエラーが出るのは、接続先のUbuntuのホストキーが前回と変わってい
るからです。「localhost:4022」に接続するやり方は同じでも、Ubuntuを再イ
ンストールしたり、別のVMで動くUbuntuに接続したりすると、このような
問題が発生します。

SSHの仕様としては正しい動きなのですが、手っ取り早くエラーを解消す
るには、エラーメッセージにもある「known_hosts」ファイルを削除してしまえ
ばよいです。本当はこのやり方は適切ではないのですが、本書ではWindows
とVMのUbuntuにつなぐことのみを想定しているので、そこまでセキュリティ
を気にしなくてもよいでしょう。

```
PS yutaka> del  C:\\Users\\yutaka/.ssh/known_hosts
```

もちろん、いろいろなサーバにWindowsのssh.exeを使って接続しているな
らば、適切なやり方で「known_hosts」ファイルを更新する必要があります。な
ぜならば、上記のエラーとは無関係なホストの情報を残す必要があるからです。

ssh-keygen.exe を使うと、指定したホストの情報のみを削除できます。

```
PS yutaka> ssh-keygen -R [localhost]:4022
# Host [localhost]:4022 found: line 1
C:\Users\yutaka/.ssh/known_hosts updated.
Original contents retained as C:\Users\yutaka/.ssh/known_hosts.old
```

「C:\Users\yutaka/.ssh/known_hosts」はテキストファイルなので、テキストエディタで開けば、どのような状態になっているかわかります。

ところで、PowerShellではコマンドラインを入力中に、自動的に過去の履歴を引っ張ってくる機能が搭載されています。たとえば、「del」と入力した場合、過去にdel を使ったコマンドラインがグレーアウトで表示されます。

```
PS yutaka> del  C:\\Users\\yutaka/.ssh/known_hosts
```

図 3.7　PowerShellのコマンド履歴

この状態でカーソルキーの右→を押すと、グレーアウトの部分が確定されて、コマンドラインが補完されます。

もし、過去の履歴の候補が複数存在すると思われる場合は、「カーソルキーの右→」ではなく「F2」キーを押すと、候補がリスト表示されます。

以下の例では、候補が2つあることを示しています。この状態で、カーソルキーの上下で選択して、自分が必要とする履歴を選びます。そして、Enterキーを押すと、選択したコマンドラインが実行されます。

とても便利なので、ぜひ活用してみてほしいです。

```
PS yutaka> del
<-/2>                                             <History(2)>
> del  C:\\Users\\yutaka/.ssh/known_hosts         [History]
> del C:\\Users\\yutaka/.ssh/known_hosts          [History]
```

WindowsとUbuntu間でファイルの送受信をするには、WinSCPが便利です。NAT経由で接続するには、ホスト名を「localhost」、ポート番号を「4022」とします。（図3.8）

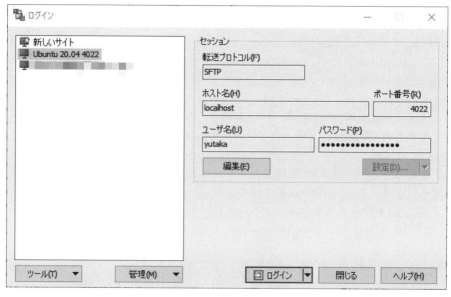

図 3.8　WinSCPの設定画面

3.8.5　Guest Additionsの導入

　Virtual Box独自の拡張パック「Guest Additions」をインストールします。このツールを導入することで、VM独自の機能がサポートされるようになります。機能の導入はソースコードのビルドから必要となるため、先に開発環境をインストールする必要があります。

```
# sudo apt install make flex bison libncurses-dev libssl-dev git build-
essential
```

　次に、Virtual Boxの「デバイス」メニューから「Guest Additions CDイメージの挿入…」を選びます。VM側が用意したISOイメージファイルは自動マウントされます。マウントパスはmountコマンドを実行すると分かります。

　私の環境では、「/media/yutaka/VBox_GAs_7.0.10」ディレクトリでした。

　このディレクトリ配下に移動して、VBoxLinuxAdditions.runスクリプトを実行することで、機能を導入することができます。ただし、この機能はデバイスドライバ(カーネルモジュール)やデーモン(サービス)が含まれるため、root権限で実行する必要があります。ビルド自体は一般ユーザー権限で可能なのですが、

デバイスドライバやデーモンのインストールにはroot権限が必須だからです。

　ちなみに、VBoxLinuxAdditions.runスクリプトはシェルアーカイブと言って、Windowsでよくある自己解凍アーカイブです。このスクリプトの中身を見ると、最初はテキストデータがありますが、後ろはバイナリデータになっています。makeselfというツールで作成されています。

```
# cd /media/yutaka/VBox_GAs_7.0.10
# sudo ./VBoxLinuxAdditions.run
```

　インストールが完了したら、Ubuntuを再起動します。
　Virtual BoxのウィンドウをWindows上でリサイズすると、GNOMEの大きさも同期して変わってくれれば、Guest Additionsが有効になっています。

　参考までに、導入されるデバイスドライバはlsmodコマンドで分かります。

```
# lsmod | grep vbo
vboxsf                 94208  1
vboxguest             495616  7 vboxsf
```

　左端にあるのがデバイスドライバの名前でモジュール名と言います。modinfoコマンドを使うことで、詳細が分かります。

```
# modinfo vboxguest
filename:       /lib/modules/6.2.0-34-generic/kernel/drivers/virt/vboxguest/
vboxguest.ko
license:        GPL
description:    Oracle VM VirtualBox Guest Additions for Linux Module
author:         Oracle Corporation
```

　いくつかのデーモンが稼働するようになります。

```
# ps -ef | grep -i vbox
yutaka     1811    1141  0 12:50 ?        00:00:00 /usr/bin/VBoxClient
--clipboard
yutaka     1817    1811  0 12:50 ?        00:00:00 /usr/bin/VBoxClient
--clipboard
```

　そして、「/opt/VBoxGuestAdditions-7.0.10」ディレクトリが作られています。

　もし、Ubuntuの環境構築後にVirtual Boxのバージョンアップを行なった場合、
「デバイス」メニューから「Guest Additionsのアップグレード…」を選び、Guest
Additionsの更新を行ないます。

　また、Guest Additionsはトリッキーなことをしていることもあって、導入
したことでUbuntuが不安定になることがあります。Guest Additionsを削除し
たい場合は、root権限で以下に示すコマンドを実行します。

```
# which vbox-uninstall-guest-additions
/usr/sbin/vbox-uninstall-guest-additions
# vbox-uninstall-guest-additions
```

　もしくは、下記の方法でもOKです。

```
# cd /opt/VBoxGuestAdditions-7.0.10
# sudo ./uninstall.sh
```

3.8.6 bashの設定

　シェルの設定を行ないます。ただ、この設定は読者の好みに大いに依存する
ので、ここでは私の好みを示しているだけ、という認識になります。

　ホームディレクトリにある「.bashrc」ファイルをテキストエディタで開き、
末尾に下記を追加します。

```
function rgmore(){
    rg -p --glob "$2" "$1" | less -EXR
}

function rgmoreword(){
    rg -pw --glob "$2" "$1" | less -EXR
}

function rgmoreignorecase(){
    rg -pi --glob "$2" "$1" | less -EXR
}


alias ls='ls -F --color'
alias ll='ls -lF --color'
alias rm='rm -i'

export PS1="\u@\h(\w) "
```

　rgコマンドはripgrepの意味で、超高速なファイル検索を行なうツールです。ripgrepは、MicrosoftのVisual Studio Code(VSCode)の検索でも採用されているほどです。

　デフォルトの状態では、VMからUbuntuを起動した場合、ブート中は真っ黒な画面が基本であり、一定期間クルクルとアニメーションが動き、GNOMEの画面が出てくる、という流れになっています。

　ブートローダーからLinuxを起動したときに、Linuxの起動の詳細を知りたいので、GRUBの設定を変更します。むかしのLinuxディストリビューションでは、デフォルトでブート中に詳細な情報がでていたのですが、見た目が不格好なのと、WindowsなどのOSではサイレントであることを意識してか、Linuxディストリビューションでも静かなブートを行なうようになりました。

　こうした設定はユーザーの好みではあるのですが、Linuxが起動してこないなどのトラブルが発生した場合、トラブルシュートがしやすくなります。

　まずは、「/etc/default/grub」を編集します。root権限が必要です。このファイルは重要なファイルでもあるので、編集前のファイルはバックアップを取っておいたほうがよいでしょう。

```
# diff grub.org grub
7,8
c7,8
< GRUB_TIMEOUT_STYLE=hidden
< GRUB_TIMEOUT=0
---
> #GRUB_TIMEOUT_STYLE=hidden
> GRUB_TIMEOUT=15
10c10

< GRUB_CMDLINE_LINUX_DEFAULT="quiet splash"
---
> #GRUB_CMDLINE_LINUX_DEFAULT="quiet splash"
```

　grubファイルの修正が終わったら、そのままroot権限で下記コマンドを実行して、変更内容を反映させます。

```
# update-grub
```

コマンドを実行することで、「/boot/grub/grub.cfg」が更新されます。このファイルが GRUB の本当の設定ファイルであり、PC(VM) を起動して BIOS から GRUB が起動されたとき、GRUB はこのファイルを読み込みます。

3.8.8　パッケージを追加する

Ubuntu のセットアップは以上で終わりとなります。個人的にこれは使いたいというパッケージがあれば、インストールしておきます。

私が好んで最初に入れるのは、下記のパッケージです。

```
# apt install ripgrep plocate universal-ctags cloc
```

ripgrep は前述した検索ツールです。plocate は locate コマンドという、ディスク上にあるファイルを素早く探すのに便利です。

universal-ctags は ctags コマンドで、vim を使ってソースコードを開いてタグジャンプをしたいときに使います。

cloc はソースファイルからコメントや空行を取り除いた、実効行をカウントしたい場合に使います。

3.9
Yocto のビルド環境構築

Yocto のビルド環境構築を始めていきます。

3.9.1　パッケージの導入

Yocto のビルドに必要なパッケージを導入します。指定するパッケージの中にはすでに導入済みなものもあるかもしれませんが、そのあたりは気にせずに、以下のコマンドを打ち込みましょう。apt コマンドがうまくやってくれます。

```
# sudo apt install gawk wget git diffstat unzip texinfo gcc build-essential
chrpath socat cpio python3 python3-pip python3-pexpect xz-utils debianutils
iputils-ping python3-git python3-jinja2 libegl1-mesa libsdl1.2-dev python3-
subunit mesa-common-dev zstd liblz4-tool file locales
```

次に、以下のコマンドを実行します。

```
# sudo locale-gen en_US.UTF-8
```

3.9.2　gitリポジトリを取得する

　Yoctoはgitで管理されているので、ビルド環境についてはgitリポジトリを clone することになります。pokyという名前がありますが、これは日本のお菓 子のポッキー（Pocky）が由来です。ポッキーは海外でも人気のお菓子なのです。

```
# git clone git://git.yoctoproject.org/poky
```

　次に、下記のサイトを見て、どのブランチを取ってくるかを決めます。

```
https://wiki.yoctoproject.org/wiki/Releases
```

　原稿執筆時点ではコードネーム「Scarthgap」が最新で、Yocto Project Version が5.0になっています。Yoctoのバージョンが変わると、レシピの設 定の仕様変更が入ることがあるので注意が必要です。
　ここでは、コードネーム「Mickledore」を選びます（Yoctoバージョンは4.2）。

```
# git branch -a
  remotes/origin/mickledore
# git checkout -t origin/mickledore -b my-mickledore
# git branch
  master
* my-mickledore
```

3.10
Yoctoのビルド準備

　Yoctoでビルドを行なうために、事前に行なうオペレーションがあります。 この操作はUbuntuにログインして端末を起動した場合、毎度行なう必要があ ります。この設定は端末をログアウトするまで有効です。

```
# cd poky
# source oe-init-build-env
```

　source コマンドはbashの内蔵コマンドで、引数に指定したファイルをbash のスクリプトとして実行して、現在のbashに実行結果を反映させることがで きます。新しく環境変数を追加するときなどによく使われます。
　以下に、実行結果を示します。有益な情報が出力されているので注目です。

```
# source oe-init-build-env
You had no conf/local.conf file. This configuration file has therefore been
created for you from /home/yutaka/yocto/poky/meta-poky/conf/templates/
```

```
default/local.conf.sample
You may wish to edit it to, for example, select a different MACHINE (target
hardware).

You had no conf/bblayers.conf file. This configuration file has therefore
been
created for you from /home/yutaka/yocto/poky/meta-poky/conf/templates/
default/bblayers.conf.sample
To add additional metadata layers into your configuration please add entries
to conf/bblayers.conf.

The Yocto Project has extensive documentation about OE including a reference
manual which can be found at:
    https://docs.yoctoproject.org

For more information about OpenEmbedded see the website:
    https://www.openembedded.org/


### Shell environment set up for builds. ###

You can now run 'bitbake <target>'

Common targets are:
    core-image-minimal
    core-image-full-cmdline
    core-image-sato
    core-image-weston
    meta-toolchain
    meta-ide-support

You can also run generated qemu images with a command like 'runqemu
qemux86-64'.

Other commonly useful commands are:
 - 'devtool' and 'recipetool' handle common recipe tasks
 - 'bitbake-layers' handles common layer tasks
 - 'oe-pkgdata-util' handles common target package tasks
```

次に、local.confという設定ファイルの編集を行ないます。ファイルはpokyディレクトリ配下の「build/conf」ディレクトリにあります。

[build/conf/local.conf]

```
BB_NUMBER_THREADS = '2'
PARALLEL_MAKE = '-j 2'
```

上記の2行を末尾に追加します。これはビルド時の並列ジョブ数を「2」に制限するもので、この指定をしない場合、デフォルト動作としてはUbuntuが認識している「論理プロセッサ数」が、並列ジョブ数となります。たとえば、1CPUで8コアがあり、HTにより2倍の16コアならば、並列ジョブ数は16です。

ただ、コア数は多くともメモリ不足であれば、ビルドが失敗することがあります。その場合、並列ジョブ数を制限することでビルドが通るようになります。当然、その分ビルドにかかる時間は長くなりますが、仕方がないですね。

ダウンロードディレクトリの変更を行ないます。デフォルトでは、「build/downloads」ディレクトリがダウンロード先となっています。Yoctoではビルドの過程で、多数のOSSをインターネットからダウンロードしてきます。このダウンロード先というわけなのですが、ダウンロードディレクトリを共通パスに変更しておくことで、buildディレクトリごとに保存する必要がなくなり、ディスク容量の節約にもなります。

ダウンロードディレクトリはlocal.confの下記で設定されます。

[build/conf/local.conf]

```
#DL_DIR ?= "${TOPDIR}/downloads"
```

先頭に#がついているのでコメントアウトされていますが、DL_DIR変数の意味としては「gitリポジトリのclone先/build/downloads」になります。たとえば、~/yocto配下にcloneした場合、「~/yocto/poky/build/downloads」です。

しかし、ここではlocal.confのDL_DIRの修正をするわけではありません。この行はこのまま残しておきます。というのも、ダウンロード先を変更する度にlocal.confを都度修正するのも手間だからです。

そこで、発想を逆転して、buildディレクトリ配下に先に「downloads」というシンボリックリンクを作ってしまいます。こうすることで、ダウンロード先を自動的に切り替えることができます。以下、例を示します。

実際には都度lnコマンドを使うと面倒ではあるので、スクリプトを作ることになるかと思います。

```
# mkdir ~/yocto/downloads
# cd ~/yocto/poky/build
# ln -s ~/yocto/downloads/ downloads
# ll downloads
lrwxrwxrwx 1 yutaka yutaka 29 10月 12 20:32 downloads -> /home/yutaka/yocto/
downloads//
```

3.11
Yoctoのビルド

Yoctoのビルドを行なうのですが、ビルドのターゲットがいくつかあるので、どれにするかを選ぶ必要があります。sourceコマンドを実行したときに、どのターゲットが選べるかがでています。

ここではLinuxカーネルをビルドして、その動作を見たいだけですので、「core-image-minimal」を選びます。このターゲットは最小限のセットアップとなり、CUIのみの提供となります。「core-image-sato」を選ぶとGUIも含まれますが、ビルドにかかる時間も長くなります。

ビルドはbitbakeというコマンドを使います。これはYoctoの中に含まれているもので、sourceすることで使えるものです。

```
# bitbake core-image-minimal
```

マシンの性能にもよりますが、ビルドには長い時間がかかります。気長に待ちます。実はビルドにもっとも時間がかかるのが、インターネットからのダウンロードです。ネット回線やサーバ側の問題で、ダウンロードが失敗すると、ビルドも失敗となります。その場合は、再度上記のコマンドを実行します。

最終的なダウンロード容量は7GBを超えていました。

```
# cd ~/yocto
# du -sh downloads/
7.7
G    downloads/
```

　私は自宅では、比較的最近までインターネット回線がADSLだったので、Yoctoのビルドは諦めていたかもしれません。

＊

　ビルドに長時間かかるので、SSH端末をログアウトしたあとでもバックグラウンドでビルドを継続したいことがあると思います。その場合はscreenコマンドを使うと便利です。

```
# screen
# 長時間継続したいコマンドを実行する
CTRL+A を押しながら D を押す。
[detached from 2609.pts-0.yutaka-VirtualBox]
#
```

　上記の状態で、バックグラウンドで「長時間継続したいコマンド」が動作中となります。このことをscreenから**デタッチ(Detach)**すると言います。そして、SSH端末はもうログアウトしても問題ありません。

　再度、UbuntuにSSH接続してscreenのセッションが残っていることを確認します。

```
# screen -ls
There is a screen on:
        2609.pts-0.yutaka-VirtualBox    (2023年12月13日 20時35分30秒)
(Detached)
1 Socket in /run/screen/S-yutaka.
```

　screenの-rオプションを使うことで、セッションの復元ができます。

```
# screen -r 2609
```

　残留セッションが1つしかない場合は、オプションの引数はなしでもよいです。

```
# screen -r
```

　ビルドを途中で何度か中断しながら、継続することもできます。私の場合はこれでやりました。自宅ではビルドマシンを24時間通電にしないからです。

　bitbakeコマンドでビルドを仕掛けて、中断するときは端末で「CTRL+C」を押して、ビルドを停止させます。

　ビルドを再開させるときは、再度sourceコマンドからやり直します。

```
# cd poky
# source oe-init-build-env
# bitbake core-image-minimal
```

## 第4章

Linuxの起動とビルド

この章では、実際にLinuxカーネルを起動して、ファイルの送受信をしたり、ビルドやレシピの作成を解説します。

4.1
Linuxの起動

Yoctoのビルドが終わったら、Linuxの起動を行ないます。ここでビルドしたLinuxはx86アーキテクチャ向けではありますが、QEMUというエミュレーターを使って動かします。

runqemuというコマンドを使うことで、QEMUからLinuxを起動することができます。runqemuに関しては下記に詳細な情報があります。

---

https://docs.yoctoproject.org/dev-manual/qemu.html#using-the-quick-emulator-qemu

---

4.1.1 GNOMEから起動する

GNOMEにログインして端末を起動して、以下のコマンドを実行します。

```
# cd poky
# source oe-init-build-env
# runqemu qemux86-64 bootparams="console=ttyS0" qemuparams="-serial
mon:stdio"
```

コマンドの実行は一般ユーザー権限でよいのですが、一部root権限が必要な操作があるため、一度だけsudoコマンドでパスワードが聞かれます。図4.1に起動したときの様子を示します。

Linuxへのログインはrootで、パスワードなしで入れます。

Linuxのシャットダウンはpoweroffコマンドを使います。「shutdown -h 0」コマンドでもOKです。

図4.1　GNOMEからLinuxを起動した様子

4.1.2　SSH端末から起動する

　GNOMEから起動する方法だと、いちいちGNOMEからの操作が必要となるので面倒です。SSH端末からも起動できると、操作性は遥かによくなります。

```
# cd poky
# source oe-init-build-env
# runqemu qemux86-64 nographic bootparams="console=ttyS0"
```

　図4.2に起動したときの様子を示します。

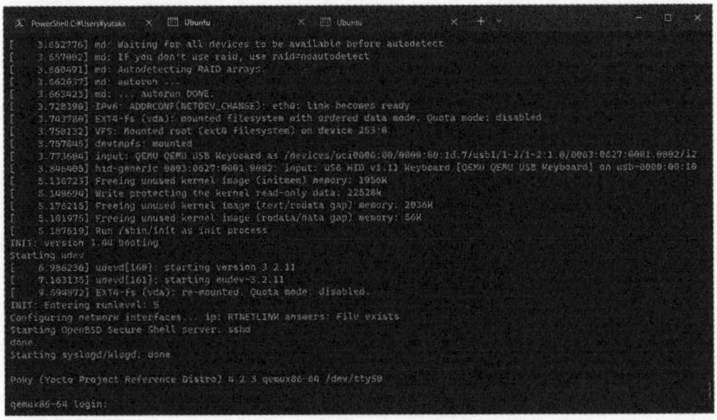

図4.2　SSH端末から起動した様子

4.1.3 ネットワーク通信

runqemu を実行すると、途中で sudo が起動するのでパスワードを要求されます。sudo による root 権限が必要なのは、tap インターフェイスを作成する必要があるからです。

tap インターフェイスは、仮想スイッチを介して通信をするための口で、ここでは Ubuntu と QEMU 上の Linux の間でネットワーク通信を行ないます。

tap は、TUN と TAP のペアでドキュメントなどに登場するキーワードです

TUN は**トンネリング (Tunneling)**、**TAP** は**ネットワークタップ (Network tap)** という意味で、TAP 自体は Terminal Access Point の略です。

TUN はネットワーク層 (IP) の通信を行ない、TAP はデータリンク層 (MAC) の通信を行ないます。

tap インターフェイスは、Ubuntu で ip コマンドを使うと存在が確認できます。

```
# ip a
3: tap1: <BROADCAST,MULTICAST,UP,LOWER_UP> mtu 1500 qdisc fq_codel state UP
group default qlen 1000
    link/ether 12:d4:e1:7b:11:ff brd ff:ff:ff:ff:ff:ff
    inet 192.168.7.3/32 brd 192.168.7.255 scope global tap1
       valid_lft forever preferred_lft forever
    inet6 fe80::10d4:e1ff:fe7b:11ff/64 scope link
       valid_lft forever preferred_lft forever
```

QEMU で動く Linux での、ネットワークインターフェイスの状況は、以下のようになっています。loopback(lo) は除外しました。QEMU の Linux では、ネットワークインターフェイスが仮想かどうかを意識することはないです。

```
root@qemux86-64:~# ip a

2: eth0: <BROADCAST,MULTICAST,UP,LOWER_UP> mtu 1500 qdisc pfifo_fast qlen
1000

    link/ether 52:54:00:12:34:04 brd ff:ff:ff:ff:ff:ff

    inet 192.168.7.4/24 brd 192.168.7.255 scope global eth0

       valid_lft forever preferred_lft forever

    inet6 fe80::5054:ff:fe12:3404/64 scope link
```

```
        valid_lft forever preferred_lft forever

3: sit0@NONE: <NOARP> mtu 1480 qdisc noop qlen 1000

    link/sit 0.0.0.0 brd 0.0.0.0
```

　Ubuntuのtap1と、Linuxのeth0はレイヤ2スイッチでつながっているイメージとなります。ここで、UbuntuからLinuxにpingを打ってみます。

```
# ping 192.168.7.4
PING 192.168.7.4 (192.168.7.4) 56(84) bytes of data.
64 bytes from 192.168.7.4: icmp_seq=1 ttl=64 time=13.6 ms
```

　ネイバーキャッシュ（近隣キャッシュ）を見ます。「ip neighbor」とフルスペルを打ち込む必要はありません。

```
# ip neig
192.168.7.4 dev tap1 lladdr 52:54:00:12:34:04 REACHABLE
10.0.2.2 dev enp0s3 lladdr 52:54:00:12:35:02 REACHABLE
```

　Linuxのeth0に割り当てられたMACアドレス「52:54:00:12:34:04」が、キャッシュに乗っていますね。これはデータリンク層のレベルで、お互いに通信ができていることの証拠となります。

　ちなみに、IPv4ではARPテーブルを呼んでいましたが、IPv6ではARPという概念がなくなり、**ネイバーキャッシュ（NC: Neighbor Cache)**というプロトコルに変わりました。そのため、Ubuntuではarpコマンドがデフォルトで導入されなくなり、ipコマンドを使うことが推奨されています。とはいえ、「sudo apt install net-tools」でパッケージを追加すれば、arpコマンドが使えます。

　Yoctoのrunqemuはpythonスクリプトであり、psコマンドでみれば、QEMUがどのように起動されているかが分かります。

```
/home/yutaka/yocto/poky/build/tmp/work/x86_64-linux/qemu-helper-
native/1.0-r1/recipe-sysroot-native/usr/bin/qemu-system-x86_64 -device
virtio-net-pci,netdev=net0,mac=52:54:00:12:34:04 -netdev tap,id=net0,ifname=
tap1,script=no,downscript=no -object rng-random,filename=/dev/
urandom,id=rng0 -device virtio-rng-pci,rng=rng0 -drive file=/home/yutaka/
yocto/poky/build/tmp/deploy/images/qemux86-64/core-image-minimal-
qemux86-64-20231104014921.rootfs.ext4,if=virtio,format=raw -usb -device
usb-tablet -usb -device usb-kbd -cpu IvyBridge -machine q35,i8042=off -smp 4
-m 256 -serial mon:stdio -serial mon:vc -device virtio-vga -display
```

```
sdl,show-cursor=on -kernel /home/yutaka/yocto/poky/build/tmp/deploy/images/
qemux86-64/bzImage -append root=/dev/vda rw  ip=192.168.7.4::192.168.7.3:255
.255.255.0::eth0:off:8.8.8.8 oprofile.timer=1 tsc=reliable no_timer_check
rcupdate.rcu_expedited=1 console=ttyS0
```

　tapネットワークのオプションは「-netdev tap,id=net0,ifname=tap1」です。

　tapを作成するにはroot権限が必要です。しかし、QEMUにはポート転送機能もあるので、こちらを使えばroot権限が不要で、ホストOSとゲストOSの間で通信ができます。Yoctoではtapを使うようになっているようです。

4.2
ファイルの送受信

　UbuntuとQEMU上のLinuxとの間で、ファイルのやりとりをしたい場合はどうすればよいのでしょうか。

　コピー＆ペーストで頑張るというアナログなやり方もありますが、手作業なのでめんどうくさいのと、バイナリファイルのやりとりが実質できません。

　やはり、ここはLinuxにSSHサーバを導入して、SCPやSFTPを使うのが楽でしょう。

　SSHサーバはデフォルトの状態で入っているのでしょうか。

　listen portを見るにはssコマンドを使うのが一般的ですが、Yoctoではnetstatコマンドが導入されているので、こちらのコマンドを使います。

　待ち受けしているTCPポートを見ると、SSHで使われる22番どころか、何もありません。

```
root@qemux86-64:~# netstat -ntl
Active Internet connections (only servers)
Proto Recv-Q Send-Q Local Address          Foreign Address         State
```

　SSHサーバであるOpenSSHのsshdやDropbearといったデーモンプロセスも見当たりません。

```
root@qemux86-64:~# ps  | grep ssh
  338 root      3916 S    grep ssh
root@qemux86-64:~# ps  | grep drop
  340 root      3916 S    grep drop
```

SSHサーバを導入するには、local.confに設定を追加して、Yoctoの再ビルドが必要となります。

4.2.1 OpenSSHを導入する

SSHサーバとしてOpenSSHの導入を行ないます。

[build/conf/local.conf]
```
IMAGE_FEATURES:append = " ssh-server-openssh"
```

「IMAGE_FEATURES」というのはYocto Projectが用意した機能を利用したい場合に使う項目です。どんな機能があるかは、下記で紹介されています。

```
https://docs.yoctoproject.org/ref-manual/features.html
```

左辺の「IMAGE_FEATURES:append」の部分ですが、Yocto 3.4より古いバージョンでは「IMAGE_FEATURES_append」という書き方になります。アンダーバーからコロンに仕様変更されたからです。

次に、右辺ですが、最初の二重引用符(")のあとにはスペースが必須です。これがないとビルドエラーになります。

```
"□ssh-server-openssh"
```

上記の書き方は少しトリッキーな感じがしますが、これがYoctoでの正しい記述方法となります。

```
IMAGE_FEATURES += "ssh-server-openssh"
```

「+=」を使って、上記のように書く方法もあります。この場合では、二重引用符のあとにスペースを入れる必要はありません。ただ、この書き方はYocto Projectとしてはどうも推奨していない感じなのです。

```
https://docs.yoctoproject.org/ref-manual/variables.html#term-IMAGE_INSTALL
```

```
Using IMAGE_INSTALL with the += BitBake operator within the /conf/local.conf
file or from within an image recipe is not recommended.
```

「IMAGE_FEATURES」とは違うのですが、「IMAGE_INSTALL」の説明で上記のような記載があり、「+=」は推奨しないと書かれています。

　この非推奨が「IMAGE_FEATURES」にも適用されるとも書いていないので、あまりに気にしなくてもよいのかもしれませんが、Yoctoの設定では「IMAGE_INSTALL」をよく使うので、「IMAGE_FEATURES」とともに記述方法を合わせておいたほうが混乱も少ないかと思われます。

　local.confの修正が終わったら、Yoctoの再ビルドを行ないます。手順はビルドと同じですが、差分ビルドになるのでビルドにかかる時間は少ないです。

```
# bitbake core-image-minimal
```

　ビルドが完了したら、Linuxを起動します。

　sshdが起動していること、TCP/22ポートが待ち受け(listen)状態になっていることを確認します。sshdのバイナリサイズは1.1MBほどですね。

```
root@qemux86-64:~# ps | grep ssh
  279 root       9244 S    sshd: /usr/sbin/sshd [listener] 0 of 10-100
startups
  303 root       3916 S    grep ssh
root@qemux86-64:~# ls -l /usr/sbin/sshd
-rwxr-xr-x    1 root     root         1145904 Mar  9  2018 /usr/sbin/sshd
root@qemux86-64:~# ls -lh /usr/sbin/sshd
-rwxr-xr-x    1 root     root            1.1M Mar  9  2018 /usr/sbin/sshd

root@qemux86-64:~# netstat -ntl
Active Internet connections (only servers)
Proto Recv-Q Send-Q Local Address          Foreign Address         State
tcp        0      0 0.0.0.0:22             0.0.0.0:*               LISTEN
tcp        0      0 :::22                  :::*                    LISTEN
```

4.2.2 Dropbearを導入する

　OpenSSHの代わりにDropbearを導入します。DropbearはOpenSSHほど高機能ではない代わりに、バイナリサイズを小さくすることができるので、組み込みLinuxでは採用されていることが多いです。

[build/conf/local.conf]
```
IMAGE_FEATURES:append = " ssh-server-dropbear"
```

　OpenSSHのときと同様に、左側の二重引用符のあとには空白が必要です。
```
"□ssh-server-dropbear"
```

local.confの修正が終わったら、Yoctoの再ビルドを行ないます。

```
# bitbake core-image-minimal
```

ビルドが完了したら、Linuxを起動してSSHサーバの動作確認を行ないます。

```
root@qemux86-64:~# ps | grep drop
  311 root      3100 S    /usr/sbin/dropbear -r /etc/dropbear/dropbear_rsa_
host_key -p 22 -B
  335 root      3916 R    grep drop
```

dropbearのバイナリサイズは343KBなので、OpenSSHの1/3の小ささです。

```
root@qemux86-64:~# ls -l /usr/sbin/dropbear
lrwxrwxrwx    1 root      root           15 Mar  9  2018 /usr/sbin/dropbear
-> ./dropbearmulti
root@qemux86-64:~# ls -l /usr/sbin/dropbearmulti
-rwxr-xr-x    1 root      root       352088 Mar  9  2018 /usr/sbin/
dropbearmulti
root@qemux86-64:~# ls -lh /usr/sbin/dropbearmulti
-rwxr-xr-x    1 root      root       343.8K Mar  9  2018 /usr/sbin/
dropbearmulti
```

listen portを見ると、TCP/22ポートでbindされていることが分かります。

```
root@qemux86-64:~# netstat -ant
Active Internet connections (servers and established)
Proto Recv-Q Send-Q Local Address           Foreign Address         State
tcp        0      0 0.0.0.0:22              0.0.0.0:*               LISTEN
tcp        0      0 :::22                   :::*                    LISTEN
```

4.2.3 ポート番号とプロセスの紐づけ

SSHサーバを起動すると、TCP/22番ポートがbindされるので、netstatおよびssコマンドでlisten portとして見えるようになります。

しかし、listen portだけをみても、実際にはどのプロセスと紐づいているのかが分かりません。

以下は、Ubuntuの例です。

```
# ss -ntl
State          Recv-Q         Send-Q                      Local Address:Port
Peer Address:Port         Process
LISTEN         0              128                           0.0.0.0:22
0.0.0.0:*
LISTEN         0              128                           [::]:22
[::]:*
```

ここでlsofというコマンドを使うと、22番ポートをどのプロセスがbindしたのかが分かります。ただし、コマンドの実行にはroot権限が必要です。

```
# lsof -i:22
# sudo lsof -i:22
COMMAND  PID   USER   FD   TYPE DEVICE SIZE/OFF NODE NAME
sshd     749   root   3u   IPv4 20548      0t0  TCP *:ssh (LISTEN)
sshd     749   root   4u   IPv6 20550      0t0  TCP *:ssh (LISTEN)
```

PIDが749と分かりました。

```
# ps -ef | grep 749
root           749       1  0 20:28 ?        00:00:00 sshd: /usr/sbin/sshd -D
[listener] 0 of 10-100 startups
```

＊

Yoctoの Linuxではlsofコマンドは入っていませんが、/procの配下をたどることで、プロセスからポート番号を知ることができます。

```
root@qemux86-64:~# ps  | grep drop
  265 root      3100 S    /usr/sbin/dropbear -r /etc/dropbear/dropbear_rsa_
host_key -p 22 -B
```

dropbearのPIDは265番です。そこで「/proc/265/net/tcp」を見ます。

```
root@qemux86-64:/proc/265# cat net/tcp
  sl  local_address rem_address   st tx_queue rx_queue tr tm->when retrnsmt
uid  timeout inode
   0: 00000000:0016 00000000:0000 0A 00000000:00000000 00:00000000 00000000
0      0 1616 1 000000006b87f133 100
```

　左にある「local_address」の値が「0016」とありますが、これは16進の16で、10進だと22になります。この値がlisten portになります。

　以上はプロセスからポート番号を取得していますが、反対にポート番号からプロセスを探し出すのは、lsofコマンドが/proc配下を検索しているということになります。

4.2.4　ファイルのやりとり

　SSHサーバの導入ができたら、UbuntuからLinuxにSSH接続できるかを確認します。Ubuntu上でsshコマンドを実行します。

```
# ssh root@192.168.7.4
```

　SSH接続ができたら、SCPコマンドを使ってファイルの送受信ができます。
　UbuntuからLinuxにファイルを送るには、以下のようにします。Ubuntu上でscpコマンドを実行します。

```
# scp local.conf root@192.168.7.4
```

　LinuxのファイルをUbuntuに持ってくるには、以下のようにします。やはり、Ubuntu上でscpコマンドを実行します。

```
# scp root@192.168.7.4:dmesg.txt .
```

4.3
ビルド物件

本節では、ビルド物件について解説します。

4.3.1 起動イメージ

Yoctoでビルドした物件として、Linuxカーネルやルートファイルシステム
などのバイナリが作られます。

作成先は、「build/tmp/deploy」ディレクトリの配下です。

```
# cd ~/yocto/poky/build/tmp/deploy
# ls
images/  licenses/  rpm/
```

deploy (デプロイ) は、「配置する」という意味で、ソフトウェアをビルドし
てできた実行モジュールを公開エリアに置く、という意味合いでも使われるこ
とがあります。

特にWeb系ではよく使われる用語ですが、ハードウェア製造分野ではあま
り聞かない言葉だと思います。私も馴染みはないです。

imagesディレクトリには、Linuxを起動するために必要なバイナリファイル
が格納されています。

licensesディレクトリには、ビルドに使われたソフトウェア(OSS)のライセ
ンス文書が格納されています。なぜ、このようなものが必要になるかというと、
Yoctoでビルドした Linux を何らかのハードウェア製品に搭載する場合、その
製品のマニュアルにOSSライセンスを記載する必要があるからです。

rpmディレクトリには、ビルドに使われたソフトウェアのRPMパッケージ
が格納されています。RPMはRed Hat社が開発したパッケージ管理システムで、
Red Hat Package Manager の略でしたが、今は「RPM Package Manager」の
略であるとされています。

RPMはRed Hat社のLinuxだけではなく、SUSE Linuxなど他のLinuxディ
ストリビューションでも採用されています。Ubuntuでは採用されていませんが、
rpmコマンドは「sudo apt install rpm」で導入することができます。

さて、imagesディレクトリの中身を見てみましょう。

```
# ls images/qemux86-64
bzImage@
bzImage--6.1.51+git0+f845a7f37d_526b5bf2f7-r0-qemux86-64-20231014023709.bin
bzImage-qemux86-64.bin@
core-image-minimal-qemux86-64-20231017114030.qemuboot.conf
core-image-minimal-qemux86-64-20231017114030.rootfs.ext4
core-image-minimal-qemux86-64-20231017114030.rootfs.manifest
core-image-minimal-qemux86-64-20231017114030.rootfs.tar.bz2
core-image-minimal-qemux86-64-20231017114030.testdata.json
core-image-minimal-qemux86-64.ext4@
core-image-minimal-qemux86-64.manifest@
core-image-minimal-qemux86-64.qemuboot.conf@
core-image-minimal-qemux86-64.tar.bz2@
core-image-minimal-qemux86-64.testdata.json@
modules--6.1.51+git0+f845a7f37d_526b5bf2f7-r0-qemux86-64-20231014023709.tgz
modules-qemux86-64.tgz@
```

　いろいろなファイルやシンボリックリンクがありますが、bzImage が Linux カーネルで、.rootfs.ext4 ファイルがルートファイルシステム (rootfs) です。この2つがあれば、Linux を起動することができます。

　QEMU で Linux を起動した場合、コマンドラインのフルパスをみることで、両者がどのように指定されているかが分かります。

```
/home/yutaka/yocto/poky/build/tmp/work/x86_64-linux/qemu-helper-
native/1.0-r1/recipe-sysroot-native/usr/bin/qemu-system-x86_64 ...
-drive file=/home/yutaka/yocto/poky/build/tmp/deploy/images/qemux86-64/
core-image-minimal-qemux86-64-20231104014921.rootfs.
ext4,if=virtio,format=raw
...
-kernel /home/yutaka/yocto/poky/build/tmp/deploy/images/qemux86-64/bzImage
```

　「-drive file=」オプションで指定しているのがルートファイルシステムです。「-kernel」オプションが Linux カーネルです。

　確かに自分でビルドしたバイナリが、正しく QEMU に渡されているかをみることのチェックもときには重要になることもあります。

4.3.2 パッケージのイメージ

Linuxの起動に使われるLinuxカーネルやルートファイルシステムは、非常に多くのソフトウェアのソースコードをビルドすることで構築されています。各パッケージのソースコードとビルドしたときにできる中間ファイルなどは、「build/tmp/work」ディレクトリ配下に配置されます。

```
# cd ~/yocto/poky/build/tmp/work
# ls
all-poky-linux/  core2-64-poky-linux/  qemux86_64-poky-linux/  x86_64-linux/
```

もし、パッケージのソースコードがどのように展開されて、どうビルドされたかを知りたいときは、上記のディレクトリ配下を探していくことになります。Yoctoに限った話でもないのですが、案外ディレクトリ配下が深いので、たどっていくのが少し面倒です。

4.3.3 Linuxカーネル

Linuxカーネルのビルドディレクトリは「build/tmp/work/qemux86_64-poky-linux/linux-yocto/」になります。ブートに使うイメージファイル(bzImage)は、さらにその下にあります。

```
# cd ~/yocto/poky/build/tmp/work/qemux86_64-poky-linux/linux-yocto/6.1.51+gi
tAUTOINC+f845a7f37d_526b5bf2f7-r0/linux-qemux86_64-standard-build/arch/x86/
boot
# ll -h bzImage
-rw-r--r-- 1 yutaka yutaka 11M 10月 13 22:39 bzImage
```

このbzImageファイルが、前述のdeploy配下のファイルと同一かどうかをチェックしてみます。cmpコマンドでバイナリ比較すると一致しますね。

```
# cmp bzImage ~/yocto/poky/build/tmp/deploy/images/qemux86-64/bzImage
```

Linuxカーネルのソースコードは、下記にあります。

```
~/yocto/poky/build/tmp/work/qemux86_64-poky-linux/linux-yocto/6.1.51+gitAUTO
INC+f845a7f37d_526b5bf2f7-r0/linux-qemux86_64-standard-build
```

ディレクトリ直下にMakefileがあるので、中身を見てみます。

[Makefile]

```
# Automatically generated by /home/yutaka/yocto/poky/build/tmp/work-shared/
qemux87-64/kernel-source/Makefile: don't edit
include /home/yutaka/yocto/poky/build/tmp/work-shared/qemux86-64/kernel-
source/Makefile
```

　通常は Linux カーネルの Makefile は巨大すぎて追えないほどなのですが、シンプルに2行あるだけです。

　コメントにあるように、「~/yocto/poky/build/tmp/work-shared/qemux86-64/kernel-source」が Linux カーネルのソースコードの実態となります。

　Linux カーネルをビルドしたときのログは、下記のディレクトリにあります。

```
~/yocto/poky/build/tmp/work/qemux86_64-poky-linux/linux-yocto/6.1.51+gitAUTO
INC+f845a7f37d_526b5bf2f7-r0/temp
```

　このディレクトリ配下にある「log.do_compile」がカーネルイメージ(bzImage)のビルドログです。「log.do_compile_kernelmodules」がカーネルモジュール(*.ko)のビルドログです。ビルドログを確認したい場合は、これらのファイルをチェックすることになります。

```
# ls -lh log.do_compile*
lrwxrwxrwx 1 yutaka yutaka   21 11月  4 17:56 log.do_compile -> log.do_
compile.702827
-rw-r--r-- 1 yutaka yutaka 126K 11月  4 18:18 log.do_compile.702827
lrwxrwxrwx 1 yutaka yutaka   35 11月  4 18:18 log.do_compile_kernelmodules
-> log.do_compile_kernelmodules.764464
-rw-r--r-- 1 yutaka yutaka 108K 11月  4 18:33 log.do_compile_
kernelmodules.764464
```

4.3.4　BusyBox

　Linuxのコマンド一式はBusyBoxで提供されています。組み込みLinuxでは定番ですね。whichコマンドで調べると、実行プログラムは「busybox」ではなく、「busybox.nosuid」になるようです。

```
root@qemux86-64:~# which busybox
/bin/busybox
root@qemux86-64:~# ls -l /bin/busybox
lrwxrwxrwx    1 root      root              14 Mar  9  2018 /bin/busybox ->
busybox.nosuid
root@qemux86-64:~# ls -l /bin/busybox.nosuid
-rwxr-xr-x    1 root      root          633552 Mar  9  2018 /bin/busybox.nosuid
```

　それでは、BusyBoxのビルドディレクトリはどこにあるのでしょうか。
　「build/tmp/work」ディレクトリ配下をfindコマンドで「busybox.nosuid」を探せばいいのですが、結構な時間がかかります。そこで、locateコマンドを使ってみます。locateは高速な検索が可能ですが、事前にデータベースが作られている必要があります。

```
# locate busybox.nosuid
/home/yutaka/yocto/poky/build/tmp/work/core2-64-poky-linux/
busybox/1.36.1-r0/busybox-1.36.1/busybox.nosuid
/home/yutaka/yocto/poky/build/tmp/work/core2-64-poky-linux/
busybox/1.36.1-r0/image/bin/busybox.nosuid
/home/yutaka/yocto/poky/build/tmp/work/core2-64-poky-linux/
busybox/1.36.1-r0/package/bin/busybox.nosuid
/home/yutaka/yocto/poky/build/tmp/work/core2-64-poky-linux/
busybox/1.36.1-r0/package/bin/.debug/busybox.nosuid
/home/yutaka/yocto/poky/build/tmp/work/core2-64-poky-linux/
busybox/1.36.1-r0/packages-split/busybox/bin/busybox.nosuid
/home/yutaka/yocto/poky/build/tmp/work/core2-64-poky-linux/
busybox/1.36.1-r0/packages-split/busybox-dbg/bin/.debug/busybox.nosuid
```

　所望しているディレクトリは「build/tmp/work/core2-64-poky-linux/busybox」になるようです。
　BusyBoxのソースコードは、下記にあることが分かりました。

```
~/yocto/poky/build/tmp/work/core2-64-poky-linux/busybox/1.36.1-r0
```

ディレクトリ配下に「*.patch」というファイルがいくつありますが、これは BusyBox 1.36.1 に対して、Yocto Project としてパッチを適用している、ということです。

```
# ls *.patch
0001-depmod-Ignore-.debug-directories.patch
0001-du-l-works-fix-to-use-145-instead-of-144.patch
0001-libbb-sockaddr2str-ensure-only-printable-characters-.patch
0001-sysctl-ignore-EIO-of-stable_secret-below-proc-sys-ne.patch
0001-testsuite-check-uudecode-before-using-it.patch
0001-testsuite-use-www.example.org-for-wget-test-cases.patch
0002-nslookup-sanitize-all-printed-strings-with-printable.patch
busybox-cross-menuconfig.patch
busybox-udhcpc-no_deconfig.patch
fail_on_no_media.patch
makefile-libbb-race.patch
recognize_connmand.patch
```

こうしたパッチ適用が1つでもうまくいかなかった場合、Yocto はビルドを停止させます。意図通りにパッチ適用がなされているかをチェックするには、ビルドディレクトリを覗いて、ソースコードを確認していくことになります。

パッチファイルの名前などの情報が手に入ったので、それらをキーワードに検索してみると、BusyBox のレシピは下記にあることが分かります。

```
# ls meta/recipes-core/busybox/*
meta/recipes-core/busybox/busybox-inittab_1.36.1.bb  meta/recipes-core/
busybox/busybox_1.36.1.bb
meta/recipes-core/busybox/busybox.inc
```

4.3.5 ライブラリ

ライブラリに関しても見ておきましょう。

ライブラリも種類が無数にありますが、ここではzlibという圧縮ライブラリを見てみることにします。

```
# cd /usr/lib
ls -l libz.so.1*
lrwxrwxrwx    1 root     root              14 Mar  9  2018 libz.so.1 -> libz.
so.1.2.13
-rwxr-xr-x    1 root     root          100400 Mar  9  2018 libz.so.1.2.13
```

「/usr/lib」ディレクトリ配下を見ると、「libz.so.1.2.13」がライブラリの実体で、「libz.so.1」はシンボリックリンクになっています。ここでのライブラリは**動的ライブラリ**とも言いますが、Shared Objectの意味で.soという拡張子になっているのが慣習です。その後ろの数字はバージョン情報を表わしています。

このように、動的ライブラリは1つのバイナリファイルとして存在します。Windowsで言うところのDLLファイルと同じ概念のものです。

ライブラリのバイナリ名が分かったので、locateコマンドなどで探すと、ビルドディレクトリは下記であると分かります。

```
~/yocto/poky/build/tmp/work/x86_64-linux/zlib-native/1.2.13-r0
```

ライブラリのソースコードは、下記にあります。

```
~/yocto/poky/build/tmp/work/x86_64-linux/zlib-native/1.2.13-r0/zlib-1.2.13
```

「0001-configure-Pass-LDFLAGS-to-link-tests.patch」というパッチファイルが1つありました。

```
# cd ~/yocto/poky/build/tmp/work/x86_64-linux/zlib-native/1.2.13-r0
# ls
0001-configure-Pass-LDFLAGS-to-link-tests.patch
```

パッチファイル名で検索すると、レシピがどこにあるかもすぐに分かります。

```
# locate 0001-configure-Pass-LDFLAGS-to-link-tests.patch
/home/yutaka/yocto/poky/meta/recipes-core/zlib/zlib/0001-configure-Pass-
LDFLAGS-to-link-tests.patch
```

よって、レシピのディレクトリは下記になります。「zlib_1.2.13.bb」という.bb拡張子のファイルがあることからも分かります。

```
/home/yutaka/yocto/poky/meta/recipes-core/zlib/
```

4.3.6 ワーキングディレクトリの決定方法

パッケージをビルドするとき、「build/tmp/work」ディレクトリ配下にワーキングディレクトリ (WORKDIR) が作られます。このWORKDIRのパスについては、生成ルールが決められています。

```
https://docs.yoctoproject.org/ref-manual/variables.html#term-WORKDIR
```

より、

```
${TMPDIR}/work/${MULTIMACH_TARGET_SYS}/${PN}/${EXTENDPE}${PV}-${PR}
```

となります。

{} で囲まれているのは環境変数のことで、これらの環境変数の中身については「bitbake -e」で知ることができます。

```
# bitbake -e zlib | grep "^TMPDIR"
TMPDIR="/home/yutaka/yocto/poky/build/tmp"
```

「bitbake -e」の実行には時間がかかるので、実行結果をリダイレクトしてファイルに記録しておくとよいと思います。

MULTIMACH_TARGET_SYS は「core2-64-poky-linux」とあるので、「/home/yutaka/yocto/poky/build/tmp/work/core2-64-poky-linux」にzlibパッケージが展開されることになります。

「PN」はレシピ名であり、ここでは「zlib」です。レシピのファイル名は「zlib_1.2.13.bb」となっていますが、「レシピ名_バージョン.bb」という意味です。
「EXTENDPE」はエポック(epoch)を示すものですが、ここでは空です。
「PV」はレシピのバージョンであり、ここでは「1.2.13」になります。
「PR」はレシピのリビジョンです。レシピのファイルで「PR」で指定してあれば、その文字列がそのまま適用されます。特に指定がない場合は、デフォルトで「r0」が使われます。

以上より、zlib では「/home/yutaka/yocto/poky/build/tmp/work/core2-64-poky-linux/zlib/1.2.13-r0」がワーキングディレクトリになります。この内容は

「WORKDIR」という環境変数で設定されます。

　紛らわしいのですが、「zlib-native」というパッケージではWORKDIRが別物に変わります。

```
# bitbake -e zlib-native | grep "^WORKDIR"
WORKDIR="/home/yutaka/yocto/poky/build/tmp/work/x86_64-linux/zlib-
native/1.2.13-r0"
```

4.4
レシピを作ってみる

　Yoctoを理解するには、やはり自分でレシピを作れるようになること、既存のレシピを改造できるようになることです。

　レシピの作り方はYocto ProjectのWebサイトに書いてありますが、この情報をもとにゼロから書き上げるのは、結構な勉強量が必要で、学習効率としてはよくありません。実際の開発現場でみれば、Yoctoのプロフェッショナルになることより業務の遂行が優先されます。たとえば、以下のような感じです。

・ファイルAをコピーするレシピをいますぐ作ってほしい。
・取引先から追加パッチがでてきたので、いますぐにレシピBに追加してほしい。

　上記のような仕事の依頼は、実際に私の体験談でもあるのですが、そもそもYoctoをまともに使ったことがない中で、仕事を前に進めていかないといけません。「Yoctoを使ったことがないので、自分にはできません。」なんて言ってはダメです。なぜならば、周りにYoctoのプロがいるわけではないですから。もしいてもそういう人は別の仕事で多忙なので、働き方改革で残業規制の厳しい昨今、その人に仕事を追加するのは現実的ではないと思います。

　こうした状況でレシピを作るとした場合、正攻法としては、

・既存のレシピを読み、どのあたりを改造すればよいか、Yoctoの公式ドキュメントをみながらチェックする。
になります。

　上記に加えて、インターネットでGoogle検索することで、疑問点をクリア

にしていくことも必要です。それに加えて、ChatGPTの活用も有効です。私としては、「ChatGPTはGoogle検索の一歩先を行った」と感じているほど、すごい技術だと思います。ChatGPT 3.5は無料で使えるので、ただで使えるサービスを活用しない理由がないのです。

4.4.1 レシピの文法

　レシピは拡張子が「.bb」というテキストファイルで記載をします。テキストファイルなのでvimなどの自分の好きなエディタで編集すればよいです。

　本説ではレシピの文法について説明します。詳細はYoctoの公式ドキュメント（下記参照）にあります。

https://docs.yoctoproject.org/dev-manual/new-recipe.html#recipe-syntax

●変数

　レシピでは変数を定義することができます。
　変数の読み込み(参照)は「${変数名}」です。変数への書き込み(代入)は「=」を使います。

　以下に、公式ドキュメントから例を引用します。

```
S = "${WORKDIR}/postfix-${PV}"
CFLAGS += "-DNO_ASM"
CFLAGS:append = " --enable-important-feature"
```

　「+=」は既存の変数に、新しく内容を追加するものです。
　「変数:append = 」とあるものも追加するものですが、文脈によってはYoctoが推奨しているのは、こちらの書き方になります。

●関数

　関数を定義できます。関数はshシェルの文法にしたがって書きます。

```
関数名() {
    ...
}
```

121

下記のように「function」を付与する書き方は、bash特有の文法なのでYoctoでは使えません。

```
function 関数名() {
...
}
```

レシピで記載した関数は、最終的には「/bin/sh」でスクリプトとして実行されます。Ubuntuではshの実体は「dash」であり、「bash」ではありません。

よって、shスクリプトの仕様について調べたい場合は「man dash」を見ます。

```
# ls -l /bin/sh
lrwxrwxrwx 1 root root 4 10月 11 20:34 /bin/sh -> dash*
```

●関数とPython

既存のレシピファイルを見ていると、Pythonのコードを使っているものがあることに気が付きます。以下、「sysklogd」のレシピからの引用です。

```
[meta/recipes-extended/sysklogd/sysklogd_2.4.4.bb]
pkg_prerm:${PN} () {
    if test "x$D" = "x"; then
    if test "$1" = "upgrade" -o "$1" = "remove"; then
        /etc/init.d/syslog stop || :
    fi
    fi
}

python () {
    if not bb.utils.contains('DISTRO_FEATURES', 'sysvinit', True, False, d):
        d.setVar("INHIBIT_UPDATERCD_BBCLASS", "1")
}
```

「pkg_prerm:${PN}」という関数と、「python」という関数があります。前者はshスクリプトの関数で、後者はPythonスクリプトの関数であり、それぞれは別物となります。1つのレシピファイルの中で、同時に定義ができるのでややこしくなっています。

shスクリプトの関数ではインデントにTABやスペースを使うことができますが、Pythonでは「スペース4つ」が推奨されています。そのため、Pythonの

関数でインデントに「スペース4つ以外」を使うと、レシピのビルド時に警告が表示されます。エラーにはならないので、ビルドは通ります。

　インデントに関する警告を出さないようにするため、Pythonのインデントだけ明示的に「スペース4つ」にする必要があります。「sysklogd_2.4.4.bb」では見た目では分かりにくいですが、vimの「:set list」を実行すると、TABとスペースの違いが分かります。

[set list実行後のvimでの表示]

```
pkg_prerm:${PN} () {$
^Iif test "x$D" = "x"; then$
^Iif test "$1" = "upgrade" -o "$1" = "remove"; then$
^I^I/etc/init.d/syslog stop || :$
^Ifi$
^Ifi$
}$
$
python () {$
    if not bb.utils.contains('DISTRO_FEATURES', 'sysvinit', True, False,
d):$
        d.setVar("INHIBIT_UPDATERCD_BBCLASS", "1")$
}$
```

＊

　shスクリプトの関数は、ソフトウェアのビルド方法を記述します。具体的にはソースコードをどうビルドするか、ビルドしたバイナリをどうコピーするか、などのことです。

　Pythonスクリプトの関数はレシピファイルに定義はできますが、shスクリプトの関数から呼び出すことはできません。その逆もしかりです。Pythonスクリプトの関数はYoctoのビルド動作を制御するためのものであり、「ソフトウェアのビルド」に関するものではありません。

```
python () {
    if not bb.utils.contains('DISTRO_FEATURES', 'sysvinit', True, False, d):
        d.setVar("INHIBIT_UPDATERCD_BBCLASS", "1")
}
```

　上記の実装について解説をします。「python do_test() {」という書き出しで始まっていれば、「do_test」が関数名であると言えるのですが、上記にはそれが

なく、空白になっています。これを無名 Python 関数 (Anonymous Python Function) と言います。

「bb.utils.contains()」は変数に特定のキーワードが存在するかをチェックする関数で、Yocto の標準関数です。この関数の実体は「bitbake/lib/bb/utils.py」にあり、Python で実装されています。

ここでは DISTRO_FEATURES に sysvinit が含まれていないかを調べています。DISTRO_FEATURES については、Yocto のドキュメントにも記載があり、すでに用意されている機能を使いたい場合に指定をします。

```
https://docs.yoctoproject.org/ref-manual/variables.html#term-DISTRO_
FEATURES
```

DISTRO_FEATURES に何が設定されているかは、「bitbake -e」コマンドで調べることができます。

```
DISTRO_FEATURES="acl alsa bluetooth debuginfod ext2 ipv4 ipv6 pcmcia
usbgadget usbhost wifi xattr nfs zeroconf pci 3g nfc x11 vfat seccomp opengl
ptest multiarch wayland vulkan sysvinit pulseaudio gobject-introspection-
data ldconfig"
```

「sysvinit」は含まれていることが分かりました。sysvinit というのは Linux カーネルが起動してランレベル3へ移行するとき、最初にカーネルが起動するユーザープロセスのことで、init デーモンと言います。init デーモンはさまざまなユーザープロセスを起動していくことで、Linux を使える状態にします。起動対象としてはカーネルモジュール (デバイスドライバ) を含む場合もあります。

sysvinit はいまではレガシーであり、init デーモンとしては systemd が一般的に使われます。

init デーモンのフルパスは「/sbin/init」で、たいていの Linux ではシンボリックリンクになっていると思われます。Ubuntu では下記の通りで、実体は systemd です。

```
# ll /sbin/init
lrwxrwxrwx 1 root root 20  8月 22 06:11 /sbin/init -> /lib/systemd/systemd*
```

Yocto の Linux では、実体が sysvinit となっていました。

```
root@qemux86-64:~# ls -l /sbin/init
lrwxrwxrwx    1 root      root            19 Mar  9  2018 /sbin/init -> /
sbin/init.sysvinit
```

　さて、話をもとに戻して、DISTRO_FEATURESにsysvinitが含まれているので、ifはfalseとなり、「d.setVar()」は実行されないことになります。もし、ifがtrueになれば、INHIBIT_UPDATERCD_BBCLASS変数に1がセットされることになります。

　この変数は「meta/classes-recipe/update-rc.d.bbclass」で定義されている、python populate_packages_updatercd()という関数の処理に影響を与えます。

　レシピの中でPythonを使う場合は、Yoctoのビルド動作を熟知している必要があります。通常はPythonを使うことはないと思います。

＊

　レシピファイルの中にshとPythonの関数が混在している場合、bitbakeによるタスクを実行すると、どういった動きになるのでしょうか？

　ここでレシピの内容が次のようになっているとします。

[testapp.bb]

```
def show_proc(num_arg):
    current_pid = os.getpid()
    print(f"Anony python {num_arg} {current_pid}")

python () {
    show_proc(1)
}

do_compile() {
    /usr/bin/ps -ef
    echo "PID $$"
    oe_runmake
}

python () {
    show_proc(2)
}
```

　Pythonとshの関数が混在しています。このレシピを使って、コンパイル(compile)をタスクとして実行すると、どういった動きになるでしょうか？

動作の流れとしては、

①python3により、Pythonの関数がすべて呼び出される。
②/bin/shにより、shの関数が呼び出される。

となります。

　上記のレシピファイルにおいて、defで始まるshow_proc関数はPythonの関数です。この関数はPythonの言語文法で記述されています。この関数では、実行中のPID(プロセスID)を表示しているだけですが、Pythonの文法がそのまま使えます。

　「python ()」で定義された無名Python関数が2つありますが、これらの関数もまたPythonスクリプトなので、先程定義したshow_proc関数を呼び出すことができます。

　shスクリプトの関数である「do_compile」は、Yoctoのコンパイルタスクとして呼び出されるものです。この関数の言語文法はshとなるため、Pythonスクリプトとして定義されたshow_proc関数を呼び出すことはできません。

　上記のレシピを実行すると、ログの出力結果は以下のような順番になります。

①Anony python 1 7257
②Anony python 2 7257
③/usr/bin/ps -ef の実行結果
④"PID $$" の表示
⑤oe_runmake の実行結果

　Ubuntuでbitbakeコマンドを実行したときの、プロセスの動作状況は下記の通りです。

```
python3 /home/yutaka/yocto/poky/bitbake/bin/bitbake testapp
↓ bitbake サーバの起動
bitbake-server ...
↓ Python スクリプトの実行
python3 /home/yutaka/yocto/poky/bitbake/bin/bitbake-worker decafbad
↓ sh スクリプトの実行
/bin/sh /home/yutaka/yocto/poky/build/tmp/work/core2-64-poky-linux/
testapp/1.0-r0/temp/run.do_compile.7257
```

　このような一連の動作については、

```
/home/yutaka/yocto/poky/build/tmp/work/core2-64-poky-linux/
testapp/1.0-r0/temp/ log.do_compile
```

というファイルに記録されます。そのファイルを見ることで動きを把握することができます。デバッグにも便利です。

●コメント

　レシピにコメントを付けるには、行頭に＃を書きます。コメントは日本語 (UTF-8) で書くこともできます。

```
def show_proc(num_arg):
    import psutil
    # 現在のプロセスの情報を取得
    current_process = psutil.Process()
    # プロセス名とPIDを取得
    process_name = current_process.name()
    process_pid = current_process.pid
    print(f"pname: {process_name}, PID: {process_pid}")
```

●行の連結

　1つの行が長くなりすぎる時は、バックスラッシュ (記号では \) を行末につけます。これにより、次の行と連結することになります。

　以下に、公式ドキュメントから例を引用します。

```
VAR = "A really long \
      line"
```

　なお、バックスラッシュはエディタのフォント設定により、表示が「￥」であったり、「\」であったりしますが、文字コードとしてはいずれも同じです。

●条件付き代入

　変数に代入する時に「?=」を使うと、条件付き代入 (Conditional Assignment) という意味になります。

　以下に、公式ドキュメントから例を引用します。

```
VAR1 = "Original value"
VAR1 ?= "New value"
```

「変数 ?= 値」は、左辺の変数が未定義か、空(Empty)の場合において値がセットされます。すでに何らかの値が入っている場合は、代入が無視されます。

上記の例でいえば、先に VAR1 に値が格納されるので、次の「?=」では代入が無視されます。よって、VAR1 は「Original value」のままとなります。

4.4.2　ファイルをコピーするレシピ

さて、ここからは簡単なレシピを自分で作ってみて動かしてみることで、レシピに対する理解を深めていきます。

レシピファイルは拡張子が「.bb」のテキストファイルで記述するのですが、そのファイルはどこに置けばよいのでしょうか。

まずは、「BBLAYERS」という変数の設定箇所を探します。

[/home/yutaka/yocto/poky/build/conf/bblayers.conf]
```
BBLAYERS ?= " \
  /home/yutaka/yocto/poky/meta \
  /home/yutaka/yocto/poky/meta-poky \
  /home/yutaka/yocto/poky/meta-yocto-bsp \
  "
```

3つのディレクトリパスが指定されています。
次に、「layer.conf」をみていきます。

[/home/yutaka/yocto/poky/meta/conf/layer.conf]
```
BBFILES += "${LAYERDIR}/recipes-*/*/*.bb"
```

[/home/yutaka/yocto/poky/meta-poky/conf/layer.conf]
```
BBFILES += "${LAYERDIR}/recipes-*/*/*.bb \
            ${LAYERDIR}/recipes-*/*/*.bbappend"
```

[/home/yutaka/yocto/poky/meta-yocto-bsp/conf/layer.conf]
```
BBFILES += "${LAYERDIR}/recipes-*/*/*.bb \
            ${LAYERDIR}/recipes-*/*/*.bbappend"
```

これらの設定を見ると、3つのディレクトリ配下に「recipes-」で始まるサブディレクトリを作り、ファイルを格納すればよさそうです。

そこで、「/home/yutaka/yocto/poky/meta/recipes-misc」ディレクトリを作成して、その中にレシピファイルを置くことにします。

＊

ここでは、ファイルをコピーするだけのレシピを作ってみます。想定用途としては、デフォルトの設定ファイルをルートファイルシステム(rootfs)に事前においておきたいような状況となります。

meta/recipes-miscディレクトリ配下に「sample_copyfile」ディレクトリを作ります。そのディレクトリの下に、「sample_copyfile.bb」ファイルを置きます。コピーするファイルは、さらにその下に「files」というディレクトリを作り、そこに置きます。

```
# cd /home/yutaka/yocto/poky/meta/recipes-misc
# tree sample_copyfile/
sample_copyfile/
├── files
│   └── sample.txt
└── sample_copyfile.bb
```

bbファイルの中身は、下記の通りです。

[sample_copyfile.bb]

```
SUMMARY = "Sample file"

PR = "r0"

SRC_URI = "file://sample.txt"

S = "${WORKDIR}"

do_install() {
    install -d ${D}${sysconfdir}
    install -m 0644 ${WORKDIR}/sample.txt ${D}${sysconfdir}/sample.txt
}
```

コピーするファイルは「sample.txt」で、中身は以下の通りです。

[sample.txt]

```
hello, world.
```

上記のレシピは sample.txt を ${sysconfdir} 配下 (通常は /etc) へコピーするものです。しかるべき場所にレシピファイルを設置したら、まずレシピとして認識できているかどうかをチェックします。

そのために「bitbake-layers show-recipes」というコマンドを実行します。

```
# source oe-init-build-env
# bitbake-layers show-recipes
```

実行すると、赤字でエラーメッセージが出ました。レシピに不備があるようです。このような感じでエラー指摘をしてくれるので、どこが悪いかが分かりやすくはなっています。

ただ、エラーメッセージを見ても、いったいどこがまずいのかよくわからないこともあります。トラブルシュートが一筋縄でいかないところが、Yoctoの難しいところです。

```
ERROR: /home/yutaka/yocto/poky/meta/recipes-misc/sample_copyfile/sample_
copyfile.bb: This recipe does not have the LICENSE field set (sample)
ERROR: Parsing halted due to errors, see error messages above
```

レシピファイルにライセンスがないという指摘なので、ライセンスを付与します。

```
[sample_copyfile.bb]
LICENSE = "CLOSED"
```

ここではライセンスをプロプライエタリとしています。レシピモジュールが OSS なのであれば、OSS のライセンスにすることになります。

再度、「bitbake-layers show-recipes」コマンドを実行します。今度はライセンスのエラーが出ませんでしたが、「sample_copyfile」というレシピがみえていないようです。試しに、レシピをビルドしてみましたが、当然失敗します。

```
# bitbake sample_copyfile
ERROR: Nothing PROVIDES 'sample_copyfile'
```

実は、レシピ名にはネーミングルールがあり、それに従っていないことが問題の原因なのです。レシピ名は「basename_version.bb」の形式である必要があります。たとえば、「sysvinit-inittab_2.88dsf.bb」のような名前です。

そこで、レシピ名を「sample-copyfile」に変更します。

```
# tree sample-copyfile/
sample-copyfile/
├── files
│    └── sample.txt
└── sample-copyfile.bb
```

今度は、正しくレシピとして認識されました。

```
# bitbake-layers show-recipes
sample-copyfile:
  meta              1.0
```

次に、レシピとして動作をするかを確認するために、クリーンアップを行ないます。

```
# bitbake -c cleanall sample-copyfile
```

特に警告もエラーもなく、終わりました。

ワーキングディレクトリをみると、クリーンアップに関するログが記録されています。

```
# cd ~/yocto/poky/build/tmp/work/core2-64-poky-linux/sample-copyfile
# vi 1.0-r0/temp/log.do_cleanall
```

それでは、レシピのビルドを行なってみます。

```
# bitbake sample-copyfile
```

ビルドは成功しました。

ワーキングディレクトリを見ると、たくさんのファイルやディレクトリが生成されていることも分かります。

```
# ls 1.0-r0/
configure.sstate              license-destdir/  pkgdata/              recipe-
sysroot/          source-date-epoch/
deploy-rpms/                  package/          pkgdata-pdata-input/ recipe-
sysroot-native/  sysroot-destdir/
deploy-source-date-epoch/  packages-split/   pkgdata-sysroot/      sample-
copyfile.spec    temp/
image/                        patches/          pseudo/               sample.
txt
```

　上記の中から「image」ディレクトリを見ます。

　この中には、最終的にレシピがdo_installでコピーしたファイルが格納され、もし、ファイルがなければ、どこかで失敗していることになります。

```
# 1.0-r0/image
# ls etc/
sample.txt
# cat etc/sample.txt
hello, world.
```

　ひとまず、/etc配下に「sample.txt」が格納できるようになりました。

　最後に、Linuxをビルドして、Linuxを起動します。

```
# bitbake core-image-minimal
```

　しかし、/etc配下にファイルが見当たりません。

```
root@qemux86-64:~# ls /etc/samp*
ls: /etc/samp*: No such file or directory
```

　これは「local.conf」にレシピを追加していないのが原因です。起動したLinuxは一度停止させて、local.confに下記の1行を追加します。1つ目の二重引用符の直後には、スペースが必要です。

```
[~/yocto/poky/build/conf/local.conf]
IMAGE_INSTALL:append = " sample-copyfile"
```

　もう一度、Linuxをビルドします。

```
# bitbake core-image-minimal
```

　今度はうまくいきました。

```
root@qemux86-64:~# ls /etc/sample.txt
/etc/sample.txt
root@qemux86-64:~# cat /etc/sample.txt
hello, world.
```

＊

　レシピの記載内容について説明をします。

　レシピでは、変数への代入がよく行なわれます。変数の意味については、Yoctoの「Variables Glossary」にすべて書いてあります。

```
https://docs.yoctoproject.org/ref-manual/variables.html?highlight=pr#variables-glossary
```

```
SUMMARY = "Sample file"
LICENSE = "CLOSED"
```

「**SUMMARY**」は、レシピの概要を72文字以内で書きます。

「**LICENSE**」はレシピのライセンスを明示します。この指定は必須で、指定がないとレシピのビルドが失敗します。上記の「CLOSED」はプロプライエタリ(proprietary)とも呼び、レシピの内容が企業内に閉じて、公にオープンではないという意味になります。

通常、企業内でだけで作られたレシピは、プロプライエタリにすることが一般的かと思われます。

もし、レシピが、既存のOSSに対するパッチ適用を行なうものの場合、レシピのライセンスは「既存のOSS」と同じライセンスを指定することになります。

```
PR = "r0"
```

「**PR**」はレシピのリビジョンを指定するもので、r0から始まり、r1、r2…と増やしていきます。PRを指定しない場合、デフォルトで「r0」が選択されます。

PRと似た変数で「**PV**」というものがあり、こちらはレシピのバージョンを示します。PVとPRはペアで使われることが一般的です。

レシピをビルドしたときのワーキングディレクトリの名前が「PV-PR」になります。

```
# cd ~/yocto/poky/build/tmp/work/core2-64-poky-linux/sample-copyfile
# ls
1.0-r0/
```

```
SRC_URI = "file://sample.txt"
```

「**SRC_URI**」では、コピーするファイルを指定しています。ソースコードからビルドするようなレシピの場合は、ソースコードがあるWebサイトのURLやgitリポジトリのパスを指定することになります。

```
S = "${WORKDIR}"
```

「**S**」という一文字だけの変数ですが、これはソースコードを展開したディレクトリを指定するものです。ここでは「WORKDIR」の内容で上書きをしています。実際のところ、ここでのレシピは単にファイルをコピーするだけのものですから、「S」の指定はなくてよいです。

```
do_install() {
    install -d ${D}${sysconfdir}
    install -m 0644 ${WORKDIR}/sample.txt ${D}${sysconfdir}/sample.txt
}
```

　ファイルのコピーを行なうには、do_install関数でinstallコマンドを使います。コピー先のディレクトリは、先に作成しておかないといけないので「-d」で作っておきます。

　「D」変数はコピー先のディレクトリのことです。

コピーを行なう場合、ファイルのパーミッションも指定するのが一般的なので、「-m」で指定します。

　このようにファイルをコピーするだけであれば、さほど難しくないのですが、実際にレシピを動かしてみるとエラーがでて、うまくいかないことがあります。その場合、どこが悪いのか、原因を究明する必要があります。

　原因調査のためには、レシピでは多数の変数を使うので、変数に何が格納されているかを把握します。そのため「bbwarn(ビービーウォーン)」という関数を使うことで、レシピのビルド中にメッセージの表示ができます。bbwarn以外にも、bbnoteやbberrorなども用意されているので、必要に応じて使い分けます。

```
do_install() {
    bbwarn "hoge"
    bbwarn "${WORKDIR}"
    bbwarn "${S}"
    bbwarn "${D}"
    bbwarn "${sysconfdir}"
    install -d ${D}${sysconfdir}
    install -m 0644 ${WORKDIR}/sample.txt ${D}${sysconfdir}/sample.txt
}
```

　実行結果は以下の通りとなりました。bbwarnで指定したメッセージは、アンバー色になるので気づきやすいと思います。

```
# bitbake -c cleanall sample-copyfile
# bitbake sample-copyfile
WARNING: sample-copyfile-1.0-r0 do_install: hoge
WARNING: sample-copyfile-1.0-r0 do_install: /home/yutaka/yocto/poky/build/
tmp/work/core2-64-poky-linux/sample-copyfile/1.0-r0
```

```
WARNING: sample-copyfile-1.0-r0 do_install: /home/yutaka/yocto/poky/build/
tmp/work/core2-64-poky-linux/sample-copyfile/1.0-r0
WARNING: sample-copyfile-1.0-r0 do_install: /home/yutaka/yocto/poky/build/
tmp/work/core2-64-poky-linux/sample-copyfile/1.0-r0/image
WARNING: sample-copyfile-1.0-r0 do_install: /etc
```

WORKDIR は「/home/yutaka/yocto/poky/build/tmp/work/core2-64-poky-linux/sample-copyfile/1.0-r0」、D は「${WORKDIR}/image」、sysconfdir は「/etc」であることが分かります。

4.4.3 tarballをビルドするレシピ

ソースコード一式を tarball で固めておき、その tarball を展開してビルドするレシピを作ります。この方式は Yocto ではもっとも多いパターンになります。

まず、C言語で「hello, world」を表示するだけの簡単なソースコードを作ります。

[hello.c]
```
#include <stdio.h>

int main(void)
{
    printf("hello, world.\n");
}
```

[Makefile]
```
# Makefile for Hello, World program

CC = gcc
CFLAGS = -Wall
TARGET = hello
SRC = hello.c

all: $(TARGET)

$(TARGET): $(SRC)
    $(CC) $(CFLAGS) -o $(TARGET) $(SRC)
```

```
clean:
    rm -f $(TARGET)

.PHONY: all clean
```

　Ubuntu上でmakeが通ることを確認します。

```
# make
# ./hello
hello, world.
```

　次に、ソースコード一式をtarballでアーカイブ圧縮します。
　さきほど作った実行プログラムは不要なので、削除しておきます。

```
# make clean
# ls
Makefile  hello.c
# cd ..
# ls
testapp/
# tar acvf testapp.tar.gz testapp/
# file testapp.tar.gz
testapp.tar.gz: gzip compressed data, from Unix, original size modulo 2^32
10240
# ls -l testapp.tar.gz
-rw-rw-r-- 1 yutaka yutaka 391  1月 28 17:47 testapp.tar.gz
```

　「testapp.tar.gz」がレシピに登録するファイルになります。ここで、この
tarballにはディレクトリが含まれていることを認識しておきます。

```
# tar tvf testapp.tar.gz
drwxrwxr-x yutaka/yutaka      0 2024-01-28 17:36 testapp/
-rw-rw-r-- yutaka/yutaka     72 2023-10-31 20:20 testapp/hello.c
-rw-rw-r-- yutaka/yutaka    206 2024-01-28 16:30 testapp/Makefile
```

　下記のように、ディレクトリを含まないtarballを作ることもできますが、レシピをビルドするときにワーキングディレクトリ直下に、ファイルが展開されてしまいます。それにより、予期せぬ問題が発生することがあるので、「ディレクトリは含む」ようにしておいたほうが無難です。

```
# tar acvf testapp.tar.gz -C testapp .
# tar tvf testapp.tar.gz
drwxrwxr-x yutaka/yutaka      0 2024-01-28 17:36 ./
-rw-rw-r-- yutaka/yutaka     72 2023-10-31 20:20 ./hello.c
-rw-rw-r-- yutaka/yutaka    206 2024-01-28 16:30 ./Makefile
```

＊

　レシピファイルを作ります。レシピ名は「testapp」にします。

[testapp.bb]

```
SUMMARY = "Test application"
LICENSE = "CLOSED"

PR = "r0"

SRC_URI = "file://testapp.tar.gz"

S = "${WORKDIR}/testapp"

do_compile() {
    oe_runmake
}

do_install() {
    bbwarn "${bindir}"
    bbwarn "${WORKDIR}"
    install -d ${D}${bindir}
    install -m 0755 ${S}/hello ${D}${bindir}/hello
}
```

　「SRC_URI」にはtarballを指定します。

　testapp.tar.gzはワーキングディレクトリ(${WORKDIR})にコピーされて、そこで展開されるので、ソースコード一式は「${WORKDIR}/testapp」に実在することになります。そのため、「S」変数には下記を指定します。

```
S = "${WORKDIR}/testapp"
```

今回はソースコードをビルドする必要があるので、do_compile() を定義して make コマンドを実行します。oe_runmake というのは、Yocto が用意している関数です。既存のレシピや、Yocto のドキュメントでは「oe」というキーワードがよくでてきますが、「OpenEmbedded」の意味です。

ビルドしてできた実行プログラムは「${bindir}」に格納することにします。また、実行プログラムのパーミッションは「755」にします。

tarball とレシピファイルは「~/yocto/poky/meta/recipes-misc」配下に配置することにします。

```
# cd ~/yocto/poky/meta/recipes-misc
# tree testapp
testapp
├── files
│   └── testapp.tar.gz
├── testapp.bb
```

「local.conf」に下記の 1 行を追加します。左端の二重引用符の直後には、空白が必要です。

[local.conf]
```
IMAGE_INSTALL:append = " testapp"
```

レシピの格納ができたら、レシピが認識されているかをチェックします。

```
#  bitbake-layers show-recipes
testapp:
  meta                 1.0
```

次に、レシピのビルドを行ない、問題なければ、Linux 全体をビルドします。

```
# bitbake -c cleanall testapp
# bitbake testapp
# bitbake core-image-minimal
```

Linux が起動できたらログインして、実行プログラムを起動します。

```
root@qemux86-64:~# ls -l /usr/bin/hello
-rwxr-xr-x    1 root     root        14448 Mar  9  2018 /usr/bin/hello
root@qemux86-64:~# /usr/bin/hello
-sh: /usr/bin/hello: not found
```

実行プログラムはたしかに存在しているのに、エラーになりました。
なぜでしょうか。

*

C言語で作ったプログラムはmain関数が用意されますが、実行プログラム
を起動すると、いきなりmain関数が呼び出されるわけではありません。

Linuxの場合、最初に動き出すプログラムのことを動的リンカー・ローダー
と呼びます。manページでは「man ld.so」で解説を読むことが可能です。fileコ
マンドを使うと、動的リンカー・ローダーがどれか分かるようになっています。

今回のレシピをビルドしたときにできる実行プログラム(hello)について、
Ubuntu上で確かめてみます。

```
# cd ~/yocto/poky/build/tmp/work/core2-64-poky-linux/testapp/1.0-r0/testapp
# file hello
hello: ELF 64-bit LSB pie executable, x86-64, version 1 (SYSV), dynamically
linked, interpreter /lib64/ld-linux-x86-64.so.2, BuildID[sha1]=4924089f59fbe
c232d73ea56021315d8904a7fc8, for GNU/Linux 3.2.0, not stripped
```

「interpreter /lib64/ld-linux-x86-64.so.2」とあるのが、動的リンカー・ロー
ダーのことです。これはUbuntuに含まれているプログラムであり、そのまま
Ubuntu上で実行することができます。

```
# /lib64/ld-linux-x86-64.so.2
/lib64/ld-linux-x86-64.so.2: missing program name
Try '/lib64/ld-linux-x86-64.so.2 --help' for more information.
# /lib64/ld-linux-x86-64.so.2 --version
ld.so (Ubuntu GLIBC 2.35-0ubuntu3.4) stable release version 2.35.
```

つまり、実行プログラムはUbuntuの動的リンカー・ローダーを使うようになっ
ているため、YoctoのLinuxだと起動すらできないのです。なぜなら、「/
lib64/ld-linux-x86-64.so.2」自体が存在しないからです。

```
root@qemux86-64:/usr/bin# ls /lib64
ls: /lib64: No such file or directory
root@qemux86-64:/usr/bin# ls /lib
ld-linux-x86-64.so.2
```

さて、起動ができない理由は分かりましたが、根本的な原因はどこにあるの
でしょうか?ここでMakefileの記述に着目します。

[Makefile]
```
CC = gcc
CFLAGS = -Wall
```

CCとCFLAGSというコンパイラの指定が明示されていますが、これがまずいのです。

「gcc」と書いてしまうと、Ubuntuのgccの意味になります。レシピをビルドするときは、Yoctoで用意されたコンパイラを使う必要があります。

UbuntuのコンパイラでビルドするとUbuntuでは動きますが、それ以外では動かなくなります。よって、Makefileからはこれらの指定の削除が必要です。

[Makefile]
```
#CC = gcc
#CFLAGS = -Wall
```

Makefileを修正したので、再度tarballを作り直します。
```
# tar acvf testapp.tar.gz testapp/
```

レシピを再ビルドします。
```
# bitbake -c cleanall testapp
# bitbake testapp
ERROR: testapp-1.0-r0 do_package_qa: QA Issue: File /usr/bin/hello in
package testapp doesn't have GNU_HASH (didn't pass LDFLAGS?) [ldflags]
ERROR: testapp-1.0-r0 do_package_qa: Fatal QA errors were found, failing
task.
ERROR: Logfile of failure stored in: /home/yutaka/yocto/poky/build/tmp/work/
core2-64-poky-linux/testapp/1.0-r0/temp/log.do_package_qa.2960
ERROR: Task (/home/yutaka/yocto/poky/meta/recipes-misc/testapp/testapp.
bb:do_package_qa) failed with exit code '1'
```

今度はビルドが失敗してエラーになります。前回と現象が変わりました。エラーメッセージにもあるように、LDFLAGSの指定がないことが原因です。そこで、レシピファイルに下記の一行を追加します。

[testapp.bb]
```
TARGET_CC_ARCH += "${LDFLAGS}"
```

これでレシピのビルドが通るようになります。実行プログラムができたら、fileコマンドで動的リンカー・ローダーをチェックします。

```
# cd ~/yocto/poky/build/tmp/work/core2-64-poky-linux/testapp/1.0-r0/image/
usr/bin
# file hello
hello: ELF 64-bit LSB pie executable, x86-64, version 1 (SYSV), dynamically
linked, interpreter /lib/ld-linux-x86-64.so.2, BuildID[sha1]=3ca9d22e0013e6d
1751a30cf209ad491ca64ce4c, for GNU/Linux 3.2.0, with debug_info, not
stripped
```

「/lib/ld-linux-x86-64.so.2」に変わりました。ちなみに、この実行プログラムをUbuntuで起動しようとするとエラーになります。この挙動も期待通りです。

```
# ./hello
-bash: ./hello: そのようなファイルやディレクトリはありません
```

YoctoのLinuxをビルドして起動します。

```
root@qemux86-64:~# ls -l /usr/bin/hello
-rwxr-xr-x    1 root     root         14376 Mar  9  2018 /usr/bin/hello
root@qemux86-64:~# /usr/bin/hello
hello, world.
```

今度はうまくいきました。

4.4.4 動的ライブラリを作るレシピ

メインで動くプログラムに動的ライブラリをリンクして、ライブラリの関数を呼び出すというモジュールを作成してみます。Linuxのアプリケーションでは定番の形式です。

最初に、C言語でmain関数があるプログラムと、動的ライブラリと2つのプログラムを作ります。ソースファイルのディレクトリ構造は下記としました。

```
# tree
.
├── include
│   └── libapp.h
├── libsoapp
│   ├── Makefile
│   └── libmain.c
└── soapp
    ├── Makefile
    └── main.c
```

soappディレクトリにはmain関数があるプログラムが格納されており、そこから動的ライブラリにある関数の呼び出しを行ないます。

libsoappディレクトリには動的ライブラリが格納されます。

includeディレクトリには動的ライブラリが提供する関数のインターフェース(関数プロトタイプ宣言)を定義します。main関数があるプログラムでは、このincludeディレクトリのヘッダファイルを参照することになります。

＊

それでは、ソースコードの中身を1つずつ見ていきます。

includeディレクトリにはヘッダファイルがあり、関数プロトタイプ宣言があります。getReiwa関数の引数に西暦を渡すと、令和の和暦に変換した値を返します。変換できない場合は0を返すという仕様にしました。下記では「extern」をつけていますが、なくてもよいです。

[libapp.h]

```
#ifndef _LIBAPP_H_
#define _LIBAPP_H_


extern int getReiwa(int year);


#endif
```

　次に、動的ライブラリのソースコードとMakefileです。getReiwa関数を定義していますが、別ディレクトリ(../include/)にあるヘッダファイル(libapp.h)をincludeしています。

[libmain.c]

```c
#include "libapp.h"

int getReiwa(int year)
{
    int n = 0;

    if (year >= 2019) {
        n = year - 2019 + 1;
    }

    return n;
}
```

　Makefileでは、C言語のソースコードを動的ライブラリとしてコンパイルできるような記述にします。といっても難しいところはなく、コンパイラオプションに「-shared」をつけるぐらいです。また、ヘッダファイル(libapp.h)のincludeのために、「-I」でパスを指定します。

[Makefie]

```makefile
# Makefile

TARGET = libsoapp.so
SRC = libmain.c

INC = -I../include
SOLIB = -shared

all: $(TARGET)

$(TARGET): $(SRC)
    $(CC) $(CFLAGS) $(INC) $(SOLIB) -o $(TARGET) $(SRC)

clean:
    rm -f $(TARGET)

.PHONY: all clean
```

動的ライブラリはUbuntu上でもビルドできます。

```
# cd libsoapp
# make
cc  -I../include -shared -o libsoapp.so libmain.c
# file libsoapp.so
libsoapp.so: ELF 64-bit LSB shared object, x86-64, version 1 (SYSV),
dynamically linked, BuildID[sha1]=090cbcbe6efb5611bd300f74925fba260293da99,
not stripped
```

最後に、main関数があるプログラムです。

[main.c]

```
#include <stdio.h>
#include "libapp.h"

int main(void)
{
    printf("GCC ver %d.%d.%d\n",
            __GNUC__,
            __GNUC_MINOR__,
            __GNUC_PATCHLEVEL__
            );

    int year = 2023;
    int reiwa = getReiwa(year);
    printf("%d year to %d REIWA\n", year, reiwa);
}
```

[Makefile]

```
# Makefile

TARGET = soapp
SRC = main.c

INC = -I../include
LIB = -lsoapp

all: $(TARGET)


$(TARGET): $(SRC)
```

```
    $(CC) $(CFLAGS) $(INC) $(SRC) $(LIB) -o $(TARGET)

clean:
    rm -f $(TARGET)

.PHONY: all clean
```

　main関数から、動的ライブラリの中にある関数を呼び出すため、コンパイル時に動的ライブラリをリンクする必要があります。動的ライブラリのファイル名が「libsoapp.so」であることから、コンパイラオプションに「-lsoapp」を指定すればOKです。

　しかし、この書き方ではUbuntu上ではコンパイルエラーになります。

```
# cd soapp
# make
cc  -I../include main.c -lsoapp  -o soapp
/usr/bin/ld: -lsoapp が見つかりません: そのようなファイルやディレクトリはありません
collect2: error: ld returned 1 exit status
make: *** [Makefile:14: soapp] エラー 1
```

　ここは、Yoctoでビルドする前に、Ubuntuでビルドしたものが動くかどうかを事前に検証しておきたいので、Makefileを一時的に修正することにします。
　Makefileの「LIB」行を下記に置き換えます。

```
LIB = -Wl,-rpath,/usr/lib -lsoapp -L../libsoapp
```

　「-rpath」で、動的ライブラリをどのパスで探すのかを指定しています。ここでは「/usr/lib/libsoapp.so」としています。「-L」は動的ライブラリの実体(libsoapp.so)があるパスを指定しています。動的ライブラリをリンクする場合、当然のことながら実体となるファイルがないと、ビルドが通りません。なお、先に動的ライブラリをmakeしておく必要があります。

```
# make clean; make
rm -f soapp
cc  -I../include main.c -Wl,-rpath,/usr/lib -lsoapp -L../libsoapp  -o soapp
```

実行プログラムはできあがりましたが、起動に失敗します。

```
# ./soapp
./soapp: error while loading shared libraries: libsoapp.so: cannot open
shared object file: No such file or directory
```

　エラーメッセージにあるように動的ライブラリが読み込めていないのですが、これはlddコマンドもしくは「LD_TRACE_LOADED_OBJECTS=1」で調べることができます。

```
# ldd ./soapp
    もしくは
# LD_TRACE_LOADED_OBJECTS=1 ./soapp
        linux-vdso.so.1 (0x00007ffdaaf55000)
        libsoapp.so => not found
        libc.so.6 => /lib/x86_64-linux-gnu/libc.so.6 (0x00007fabada00000)
        /lib64/ld-linux-x86-64.so.2 (0x00007fabadc7e000)
```

　これは動的ライブラリが「/usr/lib」に存在しないのが原因です。「/usr/lib/libsoapp.so」にファイルを格納すれば、プログラムを起動することができます。

```
# ./soapp
GCC ver 11.4.0
2023 year to 5 REIWA
```

＊

　それではレシピを作っていきます。今回は動的ライブラリと実行プログラムの2つがあるので、レシピも2つ作ることになります。順番としては先に動的ライブラリを作り、そのあとに実行プログラムを作ります。なぜなら、ライブラリがないと実行プログラムにリンクできないからです。

　動的ライブラリのレシピはlibsoapp.bb、実行プログラムのレシピはsoapp.bbとして、「~/yocto/poky/meta/recipes-misc/dynamiclib」ディレクトリ配下に格納します。

```
# tree
tree
.
├── files
│   ├── include
│   │   └── libapp.h
│   ├── libsoapp
│   │   ├── Makefile
│   │   └── libmain.c
│   └── soapp
│       ├── Makefile
│       └── main.c
├── libsoapp.bb
└── soapp.bb
```

　以下に、動的ライブラリのレシピを示します。make をして install するだけなので簡単な記述となっていますが、さて、ちゃんとビルドできるでしょうか？

[libsoapp.bb]

```
SUMMARY = "Sample library"
SECTION = "libs"
LICENSE = "CLOSED"

PR = "r0"

SRC_URI = "file://libsoapp/. \
           file://include/. \
           "

S = "${WORKDIR}/libsoapp"

TARGET_CC_ARCH += "${LDFLAGS}"

do_compile() {
    oe_runmake
}

do_install() {
    bbwarn "${PN}"
    bbwarn "${libdir}"
    bbwarn "${WORKDIR}"
    install -d ${D}${libdir}
    install -m 0755 ${S}/libsoapp.so ${D}${libdir}
}
```

まずはレシピがYoctoに認識されていることをチェックします。

```
# bitbake-layers show-recipes | grep -1 libsoapp
libsoapp:
  meta                 1.0
```

レシピのビルドを行ないます。

```
# bitbake -c cleanall libsoapp
# bitbake libsoapp
ERROR: libsoapp-1.0-r0 do_package_qa: QA Issue: -dev package libsoapp-dev
contains non-symlink .so '/usr/lib/libsoapp.so' [dev-elf]
ERROR: libsoapp-1.0-r0 do_package_qa: Fatal QA errors were found, failing
task.
ERROR: Logfile of failure stored in: /home/yutaka/yocto/poky/build/tmp/work/
core2-64-poky-linux/libsoapp/1.0-r0/temp/log.do_package_qa.5298
ERROR: Task (/home/yutaka/yocto/poky/meta/recipes-misc/dynamiclib/libsoapp.
bb:do_package_qa) failed with exit code '1'
```

ビルドエラーになりましたが、Q&Aで指摘が出ています。Q&A指摘に関してはYoctoのドキュメントで、どう対応すればよいかが書いてあります。

https://docs.yoctoproject.org/ref-manual/qa-checks.html

指摘にしたがって、レシピに下記の行を追加します。

[libsoapp.bb]

```
PACKAGES = "${PN}"
PROVIDES = "${PN}"
FILES:${PN} = "/usr/lib/libsoapp.so"
```

レシピをビルドしますが、別のエラーが出ました。

```
ERROR: libsoapp-1.0-r0 do_package: QA Issue: libsoapp: Files/directories
were installed but not shipped in any package:
  /usr/lib/.debug
  /usr/lib/.debug/libsoapp.so
Please set FILES such that these items are packaged. Alternatively if they
are unneeded, avoid installing them or delete them within do_install.
libsoapp: 2 installed and not shipped files. [installed-vs-shipped]
```

　このエラーはデバッグ情報を分離しようとしているために起きています。下記の設定をすることで、分離を抑止できるようになります。

```
INHIBIT_PACKAGE_DEBUG_SPLIT = "1"
```

　これでビルドが通るようになります。ワーキングディレクトリに動的ライブラリが格納されていることをチェックします。

```
# cd ~/yocto/poky/build/tmp/work/core2-64-poky-linux/libsoapp/1.0-r0/image
# ls -R .
./usr/lib:
libsoapp.so*
```

＊

　それでは、次に実行プログラムのレシピを作ります。

[soapp.bb]
```
SUMMARY = "Sample app w/ solib"
SECTION = "applications"
LICENSE = "CLOSED"


PR = "r0"


SRC_URI = "file://soapp/. \
           file://include/. \
           "
S = "${WORKDIR}/soapp"


TARGET_CC_ARCH += "${LDFLAGS}"


do_compile() {
    oe_runmake
}


do_install() {
    bbwarn "${bindir}"
    bbwarn "${WORKDIR}"
    install -d ${D}${bindir}
    install -m 0755 ${S}/soapp ${D}${bindir}
}
```

レシピをビルドしてみます。エラーになるのですが、以下にエラーメッセージの一部を抜粋します。

```
ERROR: soapp-1.0-r0 do_compile: oe_runmake failed
ERROR: soapp-1.0-r0 do_compile: ExecutionError('/home/yutaka/yocto/poky/
build/tmp/work/core2-64-poky-linux/soapp/1.0-r0/temp/run.do_compile.3960',
1, None, None)

| /home/yutaka/yocto/poky/build/tmp/work/core2-64-poky-linux/soapp/1.0-r0/
recipe-sysroot-native/usr/bin/x86_64-poky-linux/../../libexec/x86_64-poky-
linux/gcc/x86_64-poky-linux/12.3.0/ld: cannot find -lsoapp: No such file or
directory
| collect2: error: ld returned 1 exit status
| make: *** [Makefile:13: soapp] Error 1
| ERROR: oe_runmake failed
```

エラーメッセージをみると、動的ライブラリのリンクに失敗していることが分かります。これは動的ライブラリの依存関係を指定していないのが原因です。

[soapp.bb]

```
DEPENDS = "libsoapp"
RDEPENDS:${PN} = "libsoapp"
```

これでビルドが通るようになります。ワーキングディレクトリに実行プログラムが格納されていることをチェックします。

```
# cd ~/yocto/poky/build/tmp/work/core2-64-poky-linux/soapp/1.0-r0/image
# ls -R .
./usr/bin:
soapp*
```

2つのレシピができたので、Linuxをビルドします。

「local.conf」には、下記の行を追加します。「soapp」の依存関係として「libsoapp」を指定しているので、「soapp」のみの追加でOKです。

[conf/local.conf]

```
IMAGE_INSTALL:append = " soapp"
```

ビルド手順は、以下の通りです。

```
# bitbake -c cleanall libsoapp
# bitbake -c cleanall soapp
# bitbake core-image-minimal
```

Linuxを起動してログインをします。実行プログラムと動的ライブラリがrootfsに存在することを確認します。

```
root@qemux86-64:~# ls -l /usr/bin/soapp
-rwxr-xr-x    1 root     root            14376 Mar  9  2018 /usr/bin/soapp
root@qemux86-64:~# ls -l /usr/lib/libsoapp.so
-rwxr-xr-x    1 root     root            13832 Mar  9  2018 /usr/lib/libsoapp.
so
root@qemux86-64:~# LD_TRACE_LOADED_OBJECTS=1 /usr/bin/soapp
        linux-vdso.so.1 (0x00007ffd716de000)
        libsoapp.so => /usr/lib/libsoapp.so (0x00007f501fc82000)
        libc.so.6 => /lib/libc.so.6 (0x00007f501faa9000)
        /lib/ld-linux-x86-64.so.2 (0x00007f501fc8a000)
```

実行プログラムの動的ライブラリに関する依存関係も問題なさそうです。実行してみて、期待通りに動くことを確認します。

```
root@qemux86-64:~# soapp
GCC ver 12.3.0
2023 year to 5 REIWA
```

4.4.5　Linuxカーネルにパッチ適用するレシピ

本節では、YoctoのLinuxカーネルにパッチを適用するレシピを作ってみます。

最初にLinuxカーネルのバージョンがいくつかを確認します。Linuxを起動したときのブートログから分かります。

```
[    0.000000] Linux version 6.1.57-yocto-standard (oe-user@oe-host)
(x86_64-poky-linux-gcc (GCC) 12.3.0, GNU ld (GNU B3
```

Linuxにログインして「uname」コマンドを実行することでも分かります。

```
root@qemux86-64:~# uname -a
Linux qemux86-64 6.1.57-yocto-standard #1 SMP PREEMPT_DYNAMIC Wed Oct 11
23:03:27 UTC 2023 x86_64 GNU/Linux
```

また、「/proc/version」を表示することでも分かります。

```
root@qemux86-64:~# less /proc/version
Linux version 6.1.57-yocto-standard (oe-user@oe-host) (x86_64-poky-linux-gcc
(GCC) 12.3.0, GNU ld (GNU Binutils)
2.40.0.20230703) #1 SMP PREEMPT_DYNAMIC Wed Oct 11 23:03:27 UTC 2023
```

これで、Linuxカーネルのバージョンは「6.1」であることが分かりました。このLinuxカーネルにパッチを適用することで、自分だけのLinuxカーネルを構築することにします。

レシピファイルの作り方は、これまでのものと違って、特殊な作り方になります。Linuxカーネルをビルドするレシピはすでに存在します。どこかのディレクトリに.bbファイルで格納されています。

既存の.bbファイルの直接改修でも、目的を達成できますが、Linuxカーネルをビルドするレシピそのものには手を入れたくないという思いがあります。

既存の.bbファイルに対して、何らかの変更を加えたい場合、別途.bbappendファイルを定義するというやり方があります。そこで、Linuxカーネルのビルドに関する.bbappendファイルがなければ新規作成して、すでに存在するならばそれを改修するという方法を取ることにします。

＊

既存の.bbappendファイルを探します。検索の仕方としてコマンドを使うやり方があります。

```
# find . -name "*.bbappend"
# rg --files | rg '.bbappend'
```

　コマンドを使うやり方はファイルシステムに存在するファイルを探していることになります。Yocto がレシピとして認識しているファイルを探すこともできて、下記の手順となります。

```
# bitbake-layers show-appends
```

　上記の実行結果から抜粋します。

```
linux-yocto_5.15.bb:
   /home/yutaka/yocto/poky/meta-yocto-bsp/recipes-kernel/linux/linux-
yocto_5.15.bbappend
linux-yocto_6.1.bb:
   /home/yutaka/yocto/poky/meta-yocto-bsp/recipes-kernel/linux/linux-
yocto_6.1.bbappend
psplash_git.bb:
linux-yocto_5.15.bb (skipped):
   /home/yutaka/yocto/poky/meta-yocto-bsp/recipes-kernel/linux/linux-
yocto_5.15.bbappend
linux-yocto_6.1.bb (skipped):
   /home/yutaka/yocto/poky/meta-yocto-bsp/recipes-kernel/linux/linux-
yocto_6.1.bbappend
```

　Linux カーネルのバージョンは 6.1 でしたから、該当するレシピファイルは「linux-yocto_6.1.bbappend」であることが分かります。そこで、このファイルを改修して、Linux カーネルにパッチを適用することにします。

　既存のツリー構造は下記のようになっています。

```
# cd meta-yocto-bsp/recipes-kernel/linux
# tree
tree
.
├── linux-yocto-dev.bbappend
├── linux-yocto_5.15.bbappend
└── linux-yocto_6.1.bbappend
```

　新しく作るパッチファイルは「files」ディレクトリに格納します。追加するファイルはこれだけですので、ツリー構造は下記のように変化するだけです。ここではパッチファイルを「0001-init-add-my-message.patch」としています。

```
.
├── files
│   ├── 0001-init-add-my-message.patch
├── linux-yocto-dev.bbappend
├── linux-yocto_5.15.bbappend
└── linux-yocto_6.1.bbappend
```

　元々、Linuxカーネルのビルドは出来ているので、local.confへの追加も不
要です。

＊

　既存のレシピファイルに修正を加えます。といっても、末尾に2行追加する
だけです。

[linux-yocto_6.1.bbappend]
```
FILESEXTRAPATHS:prepend := "${THISDIR}/files:"
SRC_URI += "file://0001-init-add-my-message.patch"
```

　次に、パッチファイルを作ります。実は、このパッチの作成が少しやっかい
です。ここでは、「/proc/version」で表示される内容に、特定のメッセージを
追加してみることにします。
　修正対象となる箇所は、「init/version.c」の配列になります。

[init/version.c]
```
const char linux_proc_banner[] =
    "%s version %s"
    " (" LINUX_COMPILE_BY "@" LINUX_COMPILE_HOST ")"
    " (" LINUX_COMPILER ") %s\n";
```

　linux_proc_banner[]という配列の文字列を変えると、「/proc/version」の内
容も変化します。
　ソースファイルは「build/tmp/work-shared/qemux86-64/kernel-source」配
下にあるので、ファイルに修正をいれます。そして、修正前後のファイルの
diffを取り、パッチファイルを作ります。
```
# cd ~/yocto/poky/build/tmp/work-shared/qemux86-64/kernel-source/init
# cp version.c version.c.org
# vi version.c
    "%s foobar version %s"    ★foobarを追加
```

```
# cd ../../
# pwd
/home/yutaka/yocto/poky/build/tmp/work-shared/qemux86-64
# diff -c kernel-source/init/version.c.org kernel-source/init/version.c > /
tmp/hoge.diff
# cd ~/yocto/poky/meta-yocto-bsp/recipes-kernel/linux/files
# mv /tmp/hoge.diff 0001-init-add-my-message.patch
```

パッチファイルの内容は以下の通りです。

[0001-init-add-my-message.patch]
```
*** kernel-source/init/version.c.org    2024-02-06 22:32:04.638412083 +0900
--- kernel-source/init/version.c    2023-11-04 17:55:41.209061296 +0900
***************
*** 34,40 ****
  early_param("hostname", early_hostname);

  const char linux_proc_banner[] =
!     "%s version %s"
      " (" LINUX_COMPILE_BY "@" LINUX_COMPILE_HOST ")"
      " (" LINUX_COMPILER ") %s\n";

--- 34,40 ----
  early_param("hostname", early_hostname);

  const char linux_proc_banner[] =
!     "%s foobar version %s"
      " (" LINUX_COMPILE_BY "@" LINUX_COMPILE_HOST ")"
      " (" LINUX_COMPILER ") %s\n";
```

これで準備が整いました。

                *

Linuxカーネルのビルドを行なうには、一度クリーンアップを行なった上で、まずはパッチ適用が成功するかを確認します。

```
# bitbake -c clean linux-yocto
# bitbake -C do_patch linux-yocto
```

しかし、パッチ適用は失敗してエラーが出ます。

155

```
ERROR: linux-yocto-6.1.57+gitAUTOINC+8aa5efbc5e_8a449d3428-r0 do_patch:
Could not apply patches for qemux86-64.
ERROR: linux-yocto-6.1.57+gitAUTOINC+8aa5efbc5e_8a449d3428-r0 do_patch:
Patch failures can be resolved in the linux source directory /home/yutaka/
yocto/poky/build/tmp/work-shared/qemux86-64/kernel-source)
```

　いろいろとメッセージが出ているのですが、下のほうを見ていくと、パッチ
適用が失敗している理由が見えてきます。

```
| [INFO]: check of .kernel-meta//patches//./0001-init-add-my-message.patch
with "git am" did not pass, trying reduced context.
| [INFO]: Context reduced git-am of .kernel-meta//patches//./0001-init-add-
my-message.patch with "git am" did not work, trying "apply".
| error: unrecognized input
```

　パッチファイルが「git形式」になっていないことが原因です。

　パッチファイルをdiffコマンドで作っていましたが、「git diff」コマンドで作
り直すことにします。

```
# cd ~/yocto/poky/build/tmp/work-shared/qemux86-64/kernel-source
# git diff --no-index init/version.c.org init/version.c > /tmp/hoge.patch
# cd ~/yocto/poky/meta-yocto-bsp/recipes-kernel/linux/files
# cp /tmp/hoge.patch 0001-init-add-my-message.patch
```

　新しいパッチファイルの内容は、下記の通りです。

[0001-init-add-my-message.patch]
```
diff --git a/init/version.c.org b/init/version.c
index 01d4ab05f0ba..0d3db4cc55e7 100644
--- a/init/version.c.org
+++ b/init/version.c
@@ -34,7 +34,7 @@ static int __init early_hostname(char *arg)
 early_param("hostname", early_hostname);

 const char linux_proc_banner[] =
-    "%s version %s"
+    "%s foobar version %s"
     " (" LINUX_COMPILE_BY "@" LINUX_COMPILE_HOST ")"
     " (" LINUX_COMPILER ") %s\n";
```

しかしながら、これでもパッチ適用は失敗してしまいます。

```
| (1/1) 0001-init-add-my-message.patch
| [INFO]: check of .kernel-meta//patches//./0001-init-add-my-message.patch
with "git am" did not pass, trying reduced context.
| [INFO]: Context reduced git-am of .kernel-meta//patches//./0001-init-add-
my-message.patch with "git am" did not work, trying "apply".
| error: init/version.c.org: does not exist in index
| [ERROR]: Application of .kernel-meta//patches//./0001-init-add-my-message.
patch failed.
```

「init/version.c.org」という書き方がまずかったようです。そこで、さきほど
のパッチファイルを手修正します。

```
[0001-init-add-my-message.patch]
diff --git a/init/version.c b/init/version.c
index 01d4ab05f0ba..0d3db4cc55e7 100644
--- a/init/version.c
+++ b/init/version.c
@@ -34,7 +34,7 @@ static int __init early_hostname(char *arg)
 early_param("hostname", early_hostname);

 const char linux_proc_banner[] =
-    "%s version %s"
+    "%s foobar version %s"
     " (" LINUX_COMPILE_BY "@" LINUX_COMPILE_HOST ")"
     " (" LINUX_COMPILER ") %s\n";
```

今度はパッチ適用が成功しました。適用が正しいか、ソースファイルを確認
します。

```
# cd ~/yocto/poky/build/tmp/work-shared/qemux86-64/kernel-source
# vi init/version.c
```

Linux カーネルのビルドまで出来ているので、Linux を起動します。
埋め込んだメッセージ(foobar)が、ちゃんと表示されているので、成功です。

```
root@qemux86-64:~# cat /proc/version
Linux foobar version 6.1.57-yocto-standard (oe-user@oe-host) (x86_64-poky-
linux-gcc (GCC) 12.3.0, GNU ld (GNU Binutils)3
root@qemux86-64:~#
```

　今回、パッチファイルを作成しましたが、このやり方はアドホック（暫定的）なやり方で正規の手順ではありません。

　そこで、正しい手順にしたがってパッチファイルを作ってみたいと思います。

　手順に関しては、下記サイトに記載があります。

```
https://docs.yoctoproject.org/dev/contributor-guide/submit-changes.html
```

　まずは、Linuxカーネルのソースコードに修正を加えます。これはワーキングディレクトリ配下でOKです。

```
# cd ~/yocto/poky/build/tmp/work-shared/qemux86-64/kernel-source
# vi init/version.c
```

　この状態からgitコマンドを使って、コミット作業を進めていきます。

```
# git config --global user.name "Yutaka Hirata"
# git config --global user.email "yutakakn@gmail.com"
# git config -l --global
```

　コミットするときのコメントも書きます。

```
# git commit -s init/version.c
コメント
init: add my message
```

　コミットまですることで、パッチファイルを生成することができます。

```
# git format-patch -1
※ 0001-init-add-my-message.patch が生成
```

　パッチファイルの内容は下記の通りです。それとなく、見た目がかっこいい
パッチになりました。

[0001-init-add-my-message.patch]
```
From 8b31873be25700a1f5d5c38764a1c3e22aa1b5ad Mon Sep 17 00:00:00 2001
From: OpenEmbedded <oe.patch@oe>
Date: Fri, 3 Nov 2023 10:55:43 +0900
Subject: [PATCH] init: add my message

Signed-off-by: OpenEmbedded <oe.patch@oe>
---
 init/version.c | 2 +-
 1 file changed, 1 insertion(+), 1 deletion(-)

diff --git a/init/version.c b/init/version.c
index 01d4ab05f0ba..0d3db4cc55e7 100644
--- a/init/version.c
+++ b/init/version.c
@@ -34,7 +34,7 @@ static int __init early_hostname(char *arg)
 early_param("hostname", early_hostname);

 const char linux_proc_banner[] =
-    "%s version %s"
+    "%s foobar version %s"
    " (" LINUX_COMPILE_BY "@" LINUX_COMPILE_HOST ")"
    " (" LINUX_COMPILER ") %s\n";

--
2.34.1
```
　コミットしたのはパッチを作るためだけの操作なので、不要であればコミッ
トを取り消しておきます。
```
# git reset --soft HEAD^
```

　パッチファイルをレシピフォルダに格納して、Linux カーネルをビルドします。
```
# bitbake -c clean linux-yocto
# bitbake linux-yocto
```

　ビルドが通ったら、イメージ全体のビルドを行ないます。
```
# bitbake core-image-minimal
```
　あとは Linux を起動して「/proc/version」が期待通りなら、問題ありません。

第5章

Ubuntuの
BIOS破壊問題を振り返る

本章では、6年以上前に話題となったUbuntuというLinuxディストリビューションが、BIOSを破壊するという問題について、深掘りを行ない、振り返ってみます。

古い問題を今さら知ったところで何の役にも立たないということはなく、トラブルシュートと原因分析を行なう手法を理解することができます。こうした考え方は仕事でも有効となってきます。

5.1
きっかけ

私は会社員を退職して独立してからは、LinuxディストリビューションとしてUbuntu（ウブンツ）を使うことが多くなりました。Ubuntuをはじめて使うようになったのは、2019年から2020年あたりからでしょうか。ちょうど、この原稿を書いているのが2023年ですので、私のUbuntu歴は3年となります。

そんなある日、ふと昔あったUbuntuのBIOS破壊問題のことを思い出しました。

当時の報道を調べてみると、「Ubuntu 17.10のIntelドライバの不具合で、一部のBIOSを破壊するバグ」という報告のされ方をしていました。Ubuntu 17.10の"17"は西暦、"10"は月を示します。つまり、2017年10月にリリースされたUbuntuバージョンであることが分かります。

2017年といえば、私はまだUbuntuを触ったこともありませんでしたが、当時ニュースになっていたので見出しだけはどこかで見ていて、いまでも覚えていたのでした。そこで、なぜか今頃になって、どういった問題だったのか興味がでてきたので、詳細を調べてみることにしました。そして、意外な事実が判明したのです。

5.2
どのような問題だったか

「Ubuntu 17.10」と「BIOS破壊」で検索すると、当時の記事が出てきますね。記事のタイトルだけをみると、以下のような感じです。

・一部PCのBIOSを破壊するバグでUbuntu 17.10が一時取り下げ
・Ubuntu 17.10に一部のメーカーのBIOSを破壊するバグ
・corrupted BIOS due to Intel SPI bug in kernel
・Ubuntu 17.10 BIOS Bug

これからの記事を読むと、「Ubuntuに含まれているIntel SPIドライバにバグがあり、BIOSを破壊する」ということが読み取れます。

しかし、私はこれらの記事を読んでも、いまひとつ腑に落ちず、どういうことか意味がわかりませんでした。

・Intel SPIドライバとは何をするものなのだろう？
・ドライバにどんなバグがあったのだろう？
・BIOSを破壊するというのは具体的にどういうこと？

疑問点がたくさんあります。

しかしながら、「BIOSが壊れる」というのは大げさな感じもしますが、真相がわからないと不安に駆られるばかりです。1つずつ、事実を追っていく必要がありそうです。

5.2.1 公式情報から考察する

ネットは探せば、たくさん情報が見付かりますが、最初に見るべきなのはUbuntu公式のバグ情報サイトです。本件については、下記サイトになります。

・corrupted BIOS due to Intel SPI bug in kernel
https://bugs.launchpad.net/ubuntu/+source/linux/+bug/1734147

---

launchpad.netというドメインを見ると、Ubuntu公式なのか非公式なのかがよくわからないのですが、下記サイトをみると公式であることがよくわかります。

以下がUbuntuのソースコードの管理に使われているサイトになります。

---

https://launchpad.net/ubuntu

　タイトルを訳すと、「Intel SPI ドライバのバグで BIOS が壊れる」になるでしょうか。このタイトルの意味も、表現として間違ってはいるのですが、それはおいおい考察していくことにします。

　それでは、上記のバグレポートに書いてあることを 1 つずつ見ていきたいと思います。

An update to linux kernel on Ubuntu 17.10 that enabled the Intel SPI drivers results in a serial flash that is read only in Intel Broadwell and Haswell machines with serial flashes with SPI_NOR_HAS_LOCK set.

　この文章を私なりに日本語に訳してみると、以下のようになりました。

Ubuntu 17.10 に含まれる Linux カーネルでは Intel SPI ドライバが有効となることで、SPI フラッシュメモリが読み込み専用になります。SPI フラッシュメモリが SPI_NOR_HAS_LOCK コマンドをサポートしている、Intel の Broadwell と Haswell において問題が発生します。

　しかし、令和の時代に人力で英文を訳すなんて非効率！という声もあるかと思います。

　いまは AI による機械翻訳の時代ですので、ここでは DeepL（ディープエル）を使って翻訳してみることにします。DeepL はドイツで開発された機械翻訳サービスで、Google 翻訳を超えることを目指して開発されたそうです。世界中で、すごく人気のあるサービスになっています。

＊

　ちなみに、この手の機械翻訳サービスは利用規約を把握しておくことが大切です。無料で使えるから特に気にしていない人も多いのですが、たいていは何らかの制限事項があります。さらに、利用規約はコロコロと内容が変わることも多いです。

　昔からよく言うではありませんか？

　「タダより高いものはない」と。

　たとえば、「いらすとや」のフリー素材集は知っている人も多いことでしょう。「フリー素材」と謳っているので、ただで利用できると思い込むのも無理はないです。ここで、利用規約はどうなっているかというと……（2023 年 10 月 3 日

時点で確認)。

https://www.irasutoya.com/p/terms.html

当サイトで配布している素材は規約の範囲内であれば、個人、法人、商用、非商用問わず無料でご利用頂けます。「よくあるご質問」に詳しく記載しておりますのでご利用の前に一度ご確認ください。

...

以下の場合、有償にて対応させていただきます。メニューの「お問合せ」からご連絡下さい。
　素材を21点以上使った商用デザイン(重複はまとめて1点)
　素材の高解像度データの作成(高解像度イラストのサンプル)

　特に注目すべきは「21点以上」の素材を使うと、無料から有料に切り替わる、というところです。つまり、20点までは無料で使えるということが言えます。

*

　さて、話をもとに戻して、DeepLの利用規約を確認します(2023年10月3日時点で確認)。

https://www.deepl.com/ja/pro-license?tab=free

Both private and business use of the DeepL Translator (free) service are free of charge. However; forwarding our services to third parties for payment is strictly prohibited.

...

　「個人および商用利用はfreeである」と、ちゃんと書いてありますね。しかし、However以降にいろいろと注意事項があるので、これらの制限事項にヒットしないようにしなければなりません。もし、違反が見つかった場合、違法行為としてDeepLの運営企業から訴訟を起こされる可能性があります。

　ということで、DeepLを使って翻訳した結果を、この原稿に載せるのは問題がないという判断をしました。以下、機械翻訳による結果です。

Ubuntu 17.10のlinuxカーネルをアップデートしてIntel SPIドライバを有効にすると、SPI_NOR_HAS_LOCKが設定されたシリアルフラッシュを搭載したIntel BroadwellおよびHaswellマシンで、シリアルフラッシュが読み取り専用となる問題が発生します。

微妙に、私の翻訳と異なる部分もありますが、AIの進化はすごいですね。

5.3
Ubuntu公式によるバグレポートを解釈する

Ubuntu 17.10に含まれるLinuxカーネルではIntel SPIドライバが有効となることで、SPIフラッシュメモリが読み込み専用になります。SPIフラッシュメモリがSPI_NOR_HAS_LOCKコマンドをサポートしている、IntelのBroadwellとHaswellにおいて問題が発生します。

この文章の中にいくつかの技術用語(テクニカルターム)が登場します。原文にてでてくる「serial flash」とは何者でしょう？　フラッシュメモリというと、USBメモリやSDカードが思い浮かびますが、SPIとはなんなのでしょう？

Broadwell(ブロードウェル)や**Haswell**(ハズウェル)というのは、Intelプロセッサの開発コードネームです。一般的に、コードネームはシークレットであるものなのですが、Intel自身が公表しているので、特に取り扱いに注意が必要というわけではないです。

Haswellは第4世代Intel Coreプロセッサ、Broadwellは第5世代Intel Coreプロセッサのことです。たとえば、「Intel® Core™ i7-4790K」というプロセッサの場合、i7の次にある「4」が世代を示しているので、Haswellに該当します。「Intel® Core™ i7-5775C」の場合だと、第5世代なのでBroadwellになります。

本原稿の執筆時点では、最新のIntelプロセッサは第13世代であり、コードネームは「Raptor Lake」です。「インテル® Core™ i9-13900KS」という表記をするので、i9の次が13になっていることがわかりますね。

ちなみに、2023年度中に第14世代のIntelプロセッサ「Raptor Lake Refresh」が登場する予定です。本書が出版される頃には、すでに販売中となっていることでしょう。

Haswell は 2013 年に発売、Broadwell は 2014 年に発売された製品です。

SPI フラッシュメモリについては、後ほどお話をすることにします。

5.3.1 BIOSが破壊されるというのは具体的にはどういうことか

バグレポートの続きを読んでいきます。

「Warning」で始まる一文がありますが、これは 32bit 版 Ubuntu を使うときの注意事項なので、ここでは考察に関係ないため割愛します。

```
Symptoms:
 * BIOS settings cannot be saved
 * USB Boot impossible
 * EFI entries read-only.
```

Symptoms というのは、symptom（症状）の複数形で、発生する問題の内容を示しています。

```
問題の症状:
 * BIOSの設定を保存できない
 * USBブートができない
 * EFIエントリが読み込み専用になっている
```

「BIOS が破壊される」という表現から、私は BIOS を格納している領域が壊れて、PC の起動すらできない状態になるのかと思っていましたが、そうではなかったようです。PC の電源を入れて、BIOS が起動して OS の起動もできるようです。

ただ、BIOS setup で設定変更したことが反映されない、という現象が 1 つとしてあります。

＊

「EFI エントリ」というのはなんでしょうか？

その前に、まず BIOS について整理しておきます。

BIOS（Basic Input/Output System）というのは、PC に電源を入れたときに最初に動くソフトウェアのことで、ファームウェアとも呼びます。厳密に言うと、PC サーバのハイエンドモデルでは BIOS の前に、BMC ファームウェアというソフトウェアが動くものもあるのですが、ここでは詳細は割愛します。

　昔からあるBIOSは、BIOSを開発している企業に仕様が閉じており、実装もアセンブリ言語という古き良きソフトウェアでした。感覚的には、PCのOSがMS-DOSで入っていたときから、WindowsXPあたりまでは、このBIOSに相当すると思われます。

　しかし、ハードウェアの性能がどんどんあがっていき、OSとしてより高い機能をサポートしたいという要求に対して、昔ながらのBIOSでは対応が難しくなってきました。BIOSの開発言語がアセンブリ言語というのも、若手エンジニアが育たない理由の1つでもありました。

　こうした課題を解決するために、新しいBIOSを定義しようと大手企業が動いて作られたのが**UEFI**（Unified EFI）です。最初は**EFI**（Unified Extensible Firmware Interface）と呼ばれていましたが、途中（2004年）からUEFIに名称変更となりました。いろいろな資料やソースコードを読んでいると、「EFI」と「UEFI」の2つの用語が混在しているのは、その名残です。

　Microsoft WindowsではVistaからUEFIに対応したので、2006年以降はPCのBIOSは徐々にUEFIに置き換わっていきます。

　こうした時代背景があるため、昔ながらのBIOSのことを「レガシーBIOS」、UEFIのことを「UEFIファームウェア」と呼びます。

　ただ、ITエンジニアでもない一般人には、「UEFI」といっても通じないので、いまでも「BIOS」という呼び方をするのが一般的です。

＊

　さて、話を戻します。

　EFIエントリというのは、UEFIファームウェアが保持する領域のことです。その中にEFI変数と呼ばれる読み書き可能な区域があり、BIOSやブートローダー、OSの間で共通的にアクセスをすることができるようになっています。

　通常、EFI変数は不揮発領域に格納するので、PCの電源を落としても変数の内容が保持されます。

　EFIエントリが読み込み専用となるということは、EFI変数に書き込みができないということですので、BIOSだけではなく、ブートローダーやOSが何らかの情報をEFI変数に書き込めないということになり、障害が発生する可能性があるということになります。

5.4
再現条件にBIOSが含まれる？

バグレポートの全文は下記の通りとなります。

Fix: The issue was fixed in kernel version 4.13.0-21 by configuring the kernel so it is not compiled with Intel SPI support. But previous affected machines still suffered from a broken BIOS.

Repair: If you still can boot into Ubuntu, you can recover your BIOS with the following steps:

上記の拙訳は以下の通りです。

修正内容：この問題はLinuxカーネル 4.13.0-21 で修正されており、Intel SPIサポートが無効になっています。しかし、BIOSが破壊されたことによる影響はまだ残ります。

復旧：もし、Ubuntuがまだ起動できる状態であるならば、以下に示す手順でBIOSを復旧することができます。

Ubuntu 17.10 では、Intel SPI ドライバが被疑者として見られていたため、Ubuntu 17.10.1 では当該ドライバを無効化するという手段で、問題を回避となったようですね。

しかし、Intel SPI ドライバを無効化してしまってもよいものなのでしょうか？ 通常、Ubuntu を使う上では不要ということなのでしょうか？

これに対する答えとしては、このドライバが何を制御するものかを知ることが必要です。

5.4.1 共通点はBIOSのメーカー

```
Affected Machines:

Lenovo B40-70
Lenovo B50-70
...
```

　BIOS を破壊する可能性がある PC のマシン名が一覧になっています。PC の名前だけだと共通点が見えてこないですが、Insyde BIOS が搭載されていることが共通事項のようです。

＊

　さて、パソコンの BIOS を作っている企業というと、どこの企業を思い浮かべるでしょうか？

　BIOS 事業は儲からないビジネスとされているので、業界の変動も激しいです。

　昔からあるのは、

・Award
・Phoenix
・AMI（American Megatrends）

が挙げられます。

　PC の自作をしたことがあれば、見たことがある企業名ではないでしょうか。

　現在では、競合だった Award と Phoenix が 1998 年に合併して、Award という企業はなくなっています。

　Award は 1983 年創業、Phoenix は 1979 年創業、AMI は 1985 年創業ですから、歴史の古さが伺えます。

　Insyde という BIOS メーカーは新しい企業で、1998 年に創業です。台湾の会社です。新しいといっても、もう 24 年も経過しています。

　また、BIOS が UEFI 化してからは開発がしやすくなったため、マザーボードのメーカーが BIOS も合わせて作っているところもあります。

＊

　話をもとに戻して、今回の問題は Insyde 製の BIOS で発生するということで、特定の BIOS に依存した問題であるとも言えます。なぜ、他のメーカーの BIOS では問題が起きないのか、そのあたりについても後ほど考察してみます。

5.4.2 BIOSのソースコード

　前述したBIOSはすべて商用製品であることもあり、いずれもプロプライエタリです。

　プロプライエタリ（proprietary）というのは、オープンソース（open source）の対義語として使われることがあり、「BIOSのソースコードが開示されていない」という意味です。

　2022年10月にはInsyde製BIOSのソースコードがGitHubに流出したことで、ニュースになっていました。本来、企業秘密であるソースコードがネットにあがっている時点で、違法アップロードですし、そのソースコードをダウンロードすることも、日本の法律では違法行為となります。節度あるエンジニアであるならば、安易に入手して参照しないのがよいでしょう。

　なお、オープンソースで開発されているBIOSもあります。corebootというのがそうです。下記サイトからソースコードがダウンロードできます。

　主に、C言語で実装されているので、ソースコードは読みやすいと思います。

https://www.coreboot.org/

5.4.3 BIOSのベンダーを知りたい

　昨今のPCでは、パソコンの電源オン時にBIOSの起動画面をあまり出さないようになりました。また、BIOSをOEMしている場合、BIOSの起動画面ではBIOSのベンダー（開発企業）名ではなく、パソコンのベンダー名が表示されることのほうが一般的となってきました。

　一見して、自分が使っているパソコンのBIOSは、どこの企業が作ったものなのかがわかりにくくなっています。

　BIOSのベンダーを知りたい場合、SMBIOSを見ればわかります。

　SMBIOS（System Management BIOS）というのは、BIOSが内部で定義した情報であり、この情報をOSに開示しています。Ubuntuの場合、dmidecodeコマンドでSMBIOSの情報を把握できます。

　SMBIOSにはシステムの情報が含まれているため、セキュリティの観点からdmidecodeコマンドはroot権限でないと実行できないようになっています。

169

```
# dmidecode -t 0
# dmidecode 3.4
Getting SMBIOS data from sysfs.
SMBIOS 2.5 present.

Handle 0x0000, DMI type 0, 20 bytes
BIOS Information
        Vendor: innotek GmbH
        Version: VirtualBox
        Release Date: 12/01/2006
...
```

上記は、Virtual Box 7.0.8でUbuntu 23.04を動作させたときの実行結果です。

ベンダーがinnotekとなっていますが、元々Virtual Boxを開発していた企業です。その後、innotekはSun Microsystemsに買収されました。

それからOracleがSunを買収したので、いまではVirtual BoxはOracle製品です。

5.5
フラッシュメモリを理解する

```
Affected serial flash devices by manufacturer part number, JEDEC ID
(SPI_NOR_HAS_LOCK set in drivers/mtd/spi-nor/spi-nor.c)
/* ESMT */
  f25l32pa, 0x8c2016
  ...
/* GigaDevice */
  gd25q16, 0xc84015
  ...
/* Winbond */
  w25q16dw, 0xef6015
  ...
```

上記の拙訳は以下の通りです。

> 問題の影響があるフラッシュメモリをメーカーの部品番号、JEDEC ID で、以下に示します。（SPI_NOR_HAS_LOCK set in drivers/mtd/spi-nor/spi-nor.c）
> ...（以下、略）...

　パス付きソースファイルの場所が書いてありますので、この中身も確認しましょう。

　原稿執筆時点では、最新の Linux カーネルバージョンは「6.3.2」ですが、Ubuntu 17.10 で採用されていた Linux カーネルは「4.13」です。ここでは Linux カーネル 4.13 のソースコードをチェックします。

　Linux カーネルはバージョンが少しでも変わると、内部の実装も大きく変わることが特徴であり、元々あったソースファイルが名前を変えて別の場所に移動されていることもよくあります。

　そのため、Linux カーネルの調査を行なうときは、調査対象となるカーネルバージョンを、ほぼほぼピッタリと合わせるのが鉄則となっています。

＊

　Linux カーネルのソースコードは、下記のサイトからダウンロードできます。辿り方を以下に示します。

```
https://www.kernel.org/
    ↓
https://mirrors.edge.kernel.org/pub/
    ↓
https://mirrors.edge.kernel.org/pub/linux/
    ↓
https://mirrors.edge.kernel.org/pub/linux/kernel/
    ↓
https://mirrors.edge.kernel.org/pub/linux/kernel/v4.x/
    ↓
https://mirrors.edge.kernel.org/pub/linux/kernel/v4.x/linux-4.13.tar.xz
```

　tar ファイルを展開（解凍）して、「drivers/mtd/spi-nor/spi-nor.c」ファイルがあるかを確認します。

5.5.1 フラッシュメモリのメーカー

　フラッシュメモリは、さまざまなメーカーから販売されていますが、本件で問題が発生するものに関して、一覧が示されています。

　ちなみに、フラッシュメモリなどのチップはアジア圏の企業で開発されていることが多いです。

　C言語コメント (/* 〜 */) で囲まれている文字列は、フラッシュメモリを製造している企業の名前です。

　普段、フラッシュメモリのメーカーがどこかを気にすることはないので、聞き慣れない企業ばかりかもしれません。私自身も仕事で使ったことがあるフラッシュメモリであれば、「あのメーカーは知っている」となりますが、それ以外のメーカーに関しては「よく知らない」といったレベルです。

　ESMT は「Elite Semiconductor Microelectronics Technology Inc.」の略で、1998年創業の台湾の企業です。企業情報は下記サイトにあります。

https://www.esmt.com.tw/en/Company-Profile

　GigaDevice は2005年創業で、中国の北京にある企業です。企業情報は下記サイトにあります。

https://www.gigadevice.com/about/company-profile

　Winbond は1987年創業で、かなり古くからある企業で、台湾の会社です。

　企業情報は下記サイトにありますが、日本語で表示されるのもすごいですね。たいていは英語のページのみなので。

https://www.winbond.com/hq/about-winbond/company-profile/
overview/?__locale=ja

＊

参考までに、上記以外の企業も紹介しておきます。

　Atmel は1984年創業と歴史ある企業ですが、2016年に Microchip Technology Inc. に買収されました。そのため、「Atmel」で検索すると、Microchip のサイトがでてきます。

Microchip は 1989 年創業と、こちらも歴史ある企業です。どちらもアメリカの会社です。

https://www.microchip.com/

Numonyx（ニューモニクス）は 2008 年に Intel、STMicroelectronics、Francisco Partners が設立した企業なのですが、2010 年に Micron Technology が買収しました。

設立して買収までがえらく早いですが、チップ業界はコロコロと会社が変わる印象があります。Micron Technology は 1978 年設立の歴史ある企業で、アメリカの会社です。

Macronix は 1988 年設立の企業で、台湾の会社ですね。

Spansion（スパンション）は 1993 年に富士通と AMD が設立した企業で、日本の福島県にありました。しかし、2015 年に Cypress Semiconductor（サイプレス・セミコンダクタ）に吸収されてしまったので、企業としては消滅しました。Cypress Semiconductor はアメリカの会社です。

STMicroelectronics は 1987 年設立の企業で、本社がスイスにあります。

5.6
フラッシュメモリを制御する

```
Affected serial flash devices by manufacturer part number, JEDEC ID
(SPI_NOR_HAS_LOCK set in drivers/mtd/spi-nor/spi-nor.c)
/* ESMT */
    f25l32pa, 0x8c2016

    ...
/* GigaDevice */
    gd25q16, 0xc84015

    ...
/* Winbond */
    w25q16dw, 0xef6015

    ...
```

　「JEDEC ID」と「SPI_NOR_HAS_LOCK」のキーワードがあります。これはいっ
たいどういう意味なのでしょうか？
　それぞれについてお話を進めていくことにします。

5.6.1　フラッシュメモリの制御方法

　フラッシュメモリに対してデータを読み書きするためには、デバイスドライ
バからフラッシュメモリに対して制御する必要があります。
　この制御方法の仕様をフラッシュメモリごとに独自に決められると、デバイ
スドライバもフラッシュメモリごとに実装する必要があり、とても面倒です。
なにせデバイスドライバの開発は難易度が高いので、誰にでも作れるわけでは
ないからです。

　そこで、フラッシュメモリの制御方法を仕様として共通化することで、デバ
イスドライバの実装も共通化することができます。「**Common Flash
Interface（CFI）**」という仕様書で仕様が定義されており、仕様を定義している
のがJEDECという組織です。

https://www.jedec.org/

　フラッシュメモリの制御方法の詳細はCFIを参照いただくとして、基本的な考え方としてはコマンド・レスポンス方式になります。Linuxのデバイスドライバからフラッシュメモリに対してコマンドを送信すると、フラッシュメモリから応答が返ってくるので、その結果をみて適切な処理を行ないます。

　フラッシュメモリをハードウェアとして接続するためには、何らかのインターフェイスが必要ですが、一般的にはSPI（Serial Peripheral Interface）が使われます。I2Cと比べると、アクセス性能がよいからです。フラッシュメモリの読み書きが遅くなるのは回避したいところです。

　フラッシュメモリがCFIに準拠するようにハードウェア設計されていれば、ファームウェア（ソフトウェア）もCFIに準拠して作ればよくなります。そうすれば、フラッシュメモリの種類ごとにデバイスドライバを実装する必要性もなくなり、共通化ができます。

　ただ、現実問題としては、フラッシュメモリごとに微妙に仕様が異なっていて、挙動が違うことがあるため、デバイスドライバを分けて作られているのが実情です。フラッシュメモリが期待通りの動作をしなかった場合、フラッシュメモリをハードウェアとして改修するのではなく、デバイスドライバで問題を回避しなければならない、ということはよくあることなのです。

5.6.2　JEDEC ID

　デバイスドライバからフラッシュメモリを制御するにあたり、最初にフラッシュメモリがどこのメーカーによって製造されたものかを知る必要があります。前述したように、基本的にはCFIという仕様にしたがうので、デバイスドライバの実装も共通でよいはずなのですが、フラッシュメモリの癖を個別に吸収する必要があるわけです。

　そこで、CFIに準拠したフラッシュメモリには「**JEDEC ID**」という、3byteの識別子が埋め込まれています。
　JEDEC IDを読み出すコマンドは「9Fh」で、フラッシュメモリに対してコマンドを送信すると、3byteのデータが返ってくるということです。

3byteのデータの内訳は、下記の通りとなっており、これは仕様としてこう決まっています。

バイト	項 目
1	Manufacturer's ID
2	Memory Type
3	Memory Capacity

一例として、SST (Silicon Storage Technology) という企業が製造している 16 Mbit SPI Serial Flash (SST25VF016B) のデータシートを紹介しましょう。

データシートの JEDEC Read-ID (p.20) に、SST25VF016B に対して JEDEC Read-ID 命令 (9Fh) を送信したときの詳細が記載されています。タイミングチャートがとてもわかりやすいので、以下に引用します。

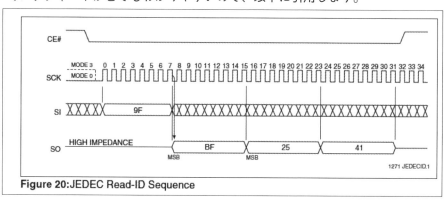

Figure 20:JEDEC Read-ID Sequence

図5.1 SST25VF016BのJEDEC Read-ID命令タイミングチャート

タイミングチャートというのは時間軸を横にとり、処理が流れていく様子を示したものです。左から右に向かって読めばよいので、読解はさほど難しくはないです。

4つの横軸があるので、順番に見ていきます。

*

「**CE#**」のCEは「**Chip Enable**」の略で、デバイスが有効になるという意味の端子（ピン）を表わしています。

デバイスというのは、ここではSST25VF016Bのことです。デバイスに対して何らかの操作を行なうためには、最初にそのデバイスを選択する必要がある、ということです。

　シャープ記号（#）は負論理という意味で、信号の電圧がゼロになったときに「真となる」という扱いになります。これを**アクティブ・ロー**（Active Low）とも言います。

　つまり、「CE#」は電圧ゼロでフラッシュメモリが有効となり、非ゼロで無効となるということです。

　反対に、電圧がゼロ以上の一定の値になった場合に真となる方式を「正論理」と言います。**アクティブ・ハイ**（Active High）とも呼びます。

　ただし、電圧を一定の値まであげるには時間がかかるので、即座に電圧を落として0Vにすることのほうが速いという特徴があります。そのため、端子の論理は負論理が採用されることが多いです。

　SCK（Serial Clock）はシリアル通信のタイミングを供給するもの。

　SI（Serial Data Input）は、デバイスに対して送信するコマンドのことで、SO（Serial Data Output）は、デバイスから送られてくるデータのことです。デバイスであるフラッシュメモリを主体として考えるので、デバイスに送られてくることをSI、つまりデバイスからみたインプット、という見方をします。

　同様に、レスポンスはデバイスから送り出すということなので、SOつまりアウトプットという見方をすることになります。

＊

　SST25VF016Bでは、Manufacturer's ID が BFh、Memory Type が 25h、Memory Capacity が 41h であることがわかります。

　Manufacturer's ID はチップメーカーごとに規定されており、JEDEC の「Standard Manufacturer's Identification Code」で定義されています。

5.7
フラッシュメモリのライトプロテクト

Affected serial flash devices by manufacturer part number, JEDEC ID
(SPI_NOR_HAS_LOCK set in drivers/mtd/spi-nor/spi-nor.c)

「JEDEC ID」について説明をしました。

上記において「SPI_NOR_HAS_LOCK」のキーワードがあります。これはいったいどういう意味なのでしょうか?

5.7.1 NORとNANDの違い

ここで一般的な話としてNORとNANDの違いについて説明をしておきます。

身近なところで言えば、USBメモリやSDカードなどはNAND型フラッシュメモリに分類されます。**NAND(Not AND)**は安価で大容量であることが特徴で、いまでは主流となったSSDもNAND型です。

NAND型の対語にあたるのがNOR型です。**NOR(Not OR)**は小容量で、読み込みが速いことが特徴です。その分、NANDと比べると高価です。

NOR型では、フラッシュメモリに書き込まれたプログラムをそのまま実行できるので、いちいちフラッシュメモリからメモリ(SDRAM)に転送する必要がありません。この機能のことを**XIP(Execute in place)**と呼び、NANDにはない機能です。

NOR型フラッシュメモリは小容量で、直接フラッシュメモリ上でプログラムが実行できるので、プログラムの起動を速くできます。

よって、ブートローダーの格納先としてNOR型フラッシュメモリが適していると言えます。

5.7.2　SPI_NOR_HAS_LOCK とは何か

「SPI_NOR_HAS_LOCK」というキーワードがでてきていますが、これは何を意味するものでしょうか？

その意味を知るためにはソースコードを見る必要があります。

＊

ここで、Linux カーネルのソースコードを読むときは、カーネルのバージョンを気にする必要があります。なぜならば、カーネルのバージョンが少しでも変わることで、実装が大きく変わることがよくあるからです。

Ubuntu 17.10 では Linux カーネル 4.13 が採用されていますので、このバージョンのソースコードを見ることになります。ソースファイルは「drivers/mtd/spi-nor/spi-nor.c」です。

参考までに、Linux カーネル 6.3 で同じソースファイルを見ようとしても、「drivers/mtd/spi-nor」ディレクトリには「spi-nor.c」がないのです。

```
yutaka@yutaka-VirtualBox(~/archive/linux-6.3) ls drivers/mtd/spi-nor/spi-nor.c
ls: 'drivers/mtd/spi-nor/spi-nor.c' にｱｸｾｽできません: そのようなﾌｧｲﾙやﾃﾞｨﾚｸﾄﾘはありません
```

Linux カーネル 4.13 にある「drivers/mtd/spi-nor/spi-nor.c」で定義されていた内容は、Linux カーネル 6.3 でなくなったわけではないのですが、「drivers/mtd/spi-nor」ディレクトリ配下に複数のファイルへと分散されました。

＊

さて、話を戻して、「drivers/mtd/spi-nor/spi-nor.c」を開くと、「SPI_NOR_HAS_LOCK」がマクロ定義されていることがわかります。一般的に、C言語のマクロ定義はヘッダファイル（.h）に記載するものとされていますが、ソースファイル（.c）に記載しても誤りというわけではありません。

```
[drivers/mtd/spi-nor/spi-nor.c]
#define SPI_NOR_HAS_LOCK    BIT(8)  /* Flash supports lock/unlock via SR */
```

BIT というのも、またマクロではありますが、ここでは「1 << 8」という意味になるので「2の8乗」で「256」になります。ようするに、bit を0から数えて8番目の bit を立てるということです。

コメントを見ると、「SRを介して、フラッシュメモリがロックおよびアンロックをサポートしている」ということとが書いています。「SR」という言葉が出てきましたが、これはどういう意味なのでしょう?

5.7.3 ライトプロテクト

フラッシュメモリはフラッシュROMとも呼ばれ、RAMとは区別されます。

ROM（**Read Only Memory**）で読み込み専用メモリ、**RAM**（**Random Access Memory**）で読み書きできるメモリであるというのが、よくある解説です。

ROMは不揮発領域であるため、システムの電源を落としてもデータが保持されます。

一方、RAMは揮発性領域のため、システムの電源を落とすとデータが消失します。フラッシュメモリはROMに分類されます。

ROMというからには、読み込みはできても、書き込みはできないように思えますが、実際にはそうではありません。

フラッシュメモリはブロック単位でデータが格納されるのですが、ブロック単位で消去と書き込みが行なえるようになっています。フラッシュメモリ全体を消去することも、製品によってはできます。

そのため、プログラムが暴走して誤ってフラッシュメモリのデータを消去しないようにするため、**ライトプロテクト**（**Write Protect**）をかける機能が提供されています。

USBメモリでも製品によってはライトプロテクトスイッチがついているものがありますが、ライトプロテクトを有効にすると、書き込みや消去がハードウェアレベルでできなくなります。

厳密に言うと、USBメモリを制御するデバイスドライバがライトプロテクトスイッチがオンになっているかどうかをチェックしており、オンであればデバイスドライバがアクセスエラーとしています。つまり、ハードウェアレベルではなく、ソフトウェアレベルで書き込みや消去をキャンセルしていると言えます。

＊

SPI_NOR_HAS_LOCKマクロで表現していることは、フラッシュメモリがライトプロテクト機能を保有するかどうか、ということです。

「SR」というのは「Status Register」の略なのですが、これはフラッシュメモリのデータシートを読んだことがないとわからない用語だと思います。

そもそも、「spi-nor.c」を実装する人は、フラッシュメモリのデータシートを読みながら開発しているので、「SR」と書けば意味が通じるだろうと考えたのでしょう。

ここで一例としてESMTのF25L32PAのデータシートから、Status Registerの仕様を引用します。bit2-4がWrite Protectに関係する機能であると明記されていますね。

Bit	Name	Function	Default at Power-up	Read/Write
Table 2: Software Status Register				
Status Register				
0	BUSY	1 = Internal Write operation is in progress 0 = No internal Write operation is in progress	0	R
1	WEL	1 = Device is memory Write enabled 0 = Device is not memory Write enabled	0	R
2	BP0	Indicate current level of block write protection (See Table 3)	1	R/W
3	BP1	Indicate current level of block write protection (See Table 3)	1	R/W
4	BP2	Indicate current level of block write protection (See Table 3)	1	R/W
5	RESERVED	Reserved for future use	0	N/A
6	RESERVED	Reserved for future use	0	N/A
7	BPL	1 = BP2,BP1,BP0 are read-only bits 0 = BP2,BP1,BP0 are read/writable	0	R/W

図5.2　Table 2: Software Status Register

5.7.4 SPI_NOR_HAS_LOCKのサポート有無

「drivers/mtd/spi-nor/spi-nor.c」でSPI_NOR_HAS_LOCKマクロが定義されているかどうかで、フラッシュメモリがライトプロテクトをサポートしているかどうかがわかるという話をしました。

実際に、Linuxカーネル4.13のソースコードを覗いてみましょう。

spi_nor_ids[] という構造体配列を見ます。実装としては量が多いのですが、下記には一部を抜粋しました。

[drivers/mtd/spi-nor/spi-nor.c]

```
static const struct flash_info spi_nor_ids[] = {
    /* Atmel -- some are (confusingly) marketed as "DataFlash" */
    { "at25fs010",  INFO(0x1f6601, 0, 32 * 1024,   4, SECT_4K) },
    ...


    /* ESMT */
    { "f25l32pa", INFO(0x8c2016, 0, 64 * 1024, 64, SECT_4K | SPI_NOR_HAS_LOCK) },
    { "f25l32qa", INFO(0x8c4116, 0, 64 * 1024, 64, SECT_4K | SPI_NOR_HAS_LOCK) },
    { "f25l64qa", INFO(0x8c4117, 0, 64 * 1024, 128, SECT_4K | SPI_NOR_HAS_LOCK) },

}
```

　ESMTのF25L32PAのデータシートを見ると、Status Registerにおいてライトプロテクトがサポートされていることがわかります。SPI_NOR_HAS_LOCKという定義名からもわかるように、ここではフラッシュメモリのNOR型に関するものばかりが記載されています。

　すでにフラッシュメモリのNORとNANDの違いを説明しましたが、F25L32PAのデータシートには明確に「NOR」という単語がでてきません。しかし、フラッシュメモリの容量をみると、それはすぐにわかります。
　データシートの1ページ目に、

・3V Only 32 Mbit Serial Flash Memory with Dual

と書かれています。

　「32Mbit」というのが容量なのですが、これは「32MB」ではなく「32Mビット」なのです。1バイトで8ビットですから、「4MB」の容量である、ということになります。
　いまどきUSBメモリであれば32GB（32MBではない！）はありますし、128GBの製品も販売されています。そのため、4MBと言われてもピンとこないかもしれません。
　組み込み機器で使われるブートローダーは大変サイズが小さいので、ちょうどブートローダーを格納するのに適しているというわけです。

＊

ここで、ESMTのF59L1G81LBのデータシートを見てみましょう。

ESMT　　　　　　　　　　　　　　　*F59L1G81LB (2M)*

Flash　　　　　　　　　　　　　　　　**1 Gbit (128M x 8)**
　　　　　　　　　　　　　　　　　　3.3V NAND Flash Memory

FEATURES

図5.3　ESMTのF59L1G81LB

　「3.3V NAND Flash Memory」と書いてあるので、NAND型であることが明確になっています。容量は「1Gbit」とありますが、これは「128MB」のことですね。これだけ大きければ、組み込みLinuxのカーネルやルートファイルシステムが充分に格納できます。

5.7.5 SPI_NOR_HAS_LOCK の定義がないもの

さきほどの spi_nor_ids[] をみると、SPI_NOR_HAS_LOCK の定義がないフラッシュメモリがあります。定義がないということは、そのフラッシュメモリは Status Register によるライトプロテクトをサポートしていないということでしょうか？

その答えは Yes でもあり、No でもあります。

*

ここで、Atmel の AT25FS010 のデータシートを確認してみます。

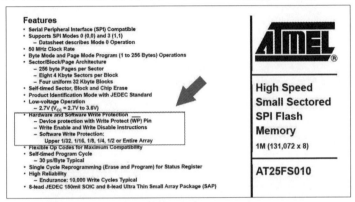

図5.4　Atmel の AT25FS010 データシート

最初の1ページ目で、ライトプロテクトをサポートしていることが書いてあります。

Hardware Write Protection というのは、WP（負論理）というハードウェアピンを叩くことでライトプロテクトをかけるかどうかを制御できるというものです。ハードウェアピンなので、電源投入時（Power on reset）からライトプロテクトを有効にした状態にすることも可能です。

Software Write Protection というのは、ソフトウェア（Linux デバイスドライバ）からフラッシュメモリに対してライトプロテクトを制御するコマンドを送信することで、ライトプロテクトの制御を行なうことを指します。

次に、Status Register を見てみます。

Table 9. Sector/Block Write Protect Bits

Level	Status Register Bits					AT25FS010
	BP4	BP3	BP1	BP0	Array Address	
locked Out	Locked-out Blocks					
0(none)	0	0	0	0	None	None
1(1/32)	0	1	0	0	01F000H – 01FFFFH	Sector 8 of Block 4
2(1/16)	1	0	0	0	01E000H – 01FFFFH	Sector 7 – 8 of Block 4
3(1/8)	1	1	0	0	01C000H – 01FFFFH	Sector 5 – 8 of Block 4
4(1/4)	x	x	0	1	018000H – 01FFFFH	ALL Sectors of Block 4
5(1/2)	x	x	1	0	010000H – 01FFFFH	ALL Sectors of Block 3,4
6(ALL)	x	x	1	1	000000H – 01FFFFH	ALL Sectors of ALL Blocks (1-4)

図5.5　AtmelのStatus Register

　データシートを読む限り、SR（Status Register）でライトプロテクトの機能
はサポートされていることがわかります。
　そこで、Linuxカーネル6.3のソースコードを見てみましょう。ソースファ
イルの場所が「drivers/mtd/spi-nor/atmel.c」に変更となっていますが、
AT25FS010の定義は残っていました。

[drivers/mtd/spi-nor/atmel.c]
```
static const struct flash_info atmel_nor_parts[] = {
    /* Atmel -- some are (confusingly) marketed as "DataFlash" */
    { "at25fs010",  INFO(0x1f6601, 0, 32 * 1024,  4)
        FLAGS(SPI_NOR_HAS_LOCK)
        NO_SFDP_FLAGS(SECT_4K)
        .fixups = &at25fs_nor_fixups },
```

　そして、SPI_NOR_HAS_LOCKの定義が追加されていることもわかります。
　推測ですが、Linuxカーネル4.13では未定義となっていたのは、まだテスト
ができていなかったので意図的に定義をしていなかったのではないかと思われ
ます。

5.8
発生条件をまとめる

ここまで話が長くなりましたが、これでようやく本問題の発生条件が見えてきました。

発生条件のまとめを行ないます。

5.8.1　発生条件

「Ubuntu 17.10のIntel SPIドライバがBIOSを破壊する」という問題に関して、発生条件を以下にまとめてみます。

1.　Intel SPIドライバが有効である。

　　かつ

2.　Intelのチップセットが Broadwell および Haswell である。

　　かつ

3.　PCのBIOS（UEFIファームウェア）が Insyde製である。

　　かつ

4.　SPIフラッシュメモリが「drivers/mtd/spi-nor/spi-nor.c」で定義されていて、SPI_NOR_HAS_LOCKが有効となっている。

原因は判明していないので、発生条件として上記以外もありうると思います。Intelチップセットが Broadwell および Haswell 以外でも起こるかもしれないですし、Insyde製以外のBIOSでも起こるかもしれません。

原因が不明である以上、1つの発生条件があったとしても、他にも発生パターンがあるのではないかと疑うのが鉄則です。何事も疑ってかかるのが、プロのエンジニアです。そのため、人間として疑心暗鬼になりやすいというデメリットもあります。仕事とプライベートの切り替えをきっちりできていれば、問題ないでしょう。

自分が使っているパソコンが、上記の発生条件に該当していなくとも、Ubuntu 17.10を導入することで問題が再現するという可能性が充分にあります。

5.8.2 Intel SPIドライバとは何者なのか？

しかし、ここまで見てきても、一体何が問題だったのかがよくわかりません。そもそも、「Intel SPIドライバ」とはいったい何なのでしょうか？

SPIフラッシュメモリというのは、どうやらパソコンに搭載されているハードウェアのようですが、Intel SPIドライバとの関連性が不明です。

少なくとも、問題の引き金を引いているのがIntel SPIドライバなので、Ubuntu 17.10.1では当該ドライバが無効化されました。

もしかすると、Intel SPIドライバを無効化した場合でも問題が起こるかもしれません。

なぜなら、原因がわかっていないから。しかし、状況証拠としてドライバを無効化すると再現せず、有効化すると100%再現することから、被疑はIntel SPIドライバであると解釈して間違いないでしょう。

これ以上の詳細を知るには、Linuxカーネルのソースコードを見ていく必要があります。

＊

ところで、いまや飛ぶ鳥を落とす勢いであるChatGPT先生に「Intel SPIドライバとはなんですか？」と聞いてみました。私の質問の仕方がよくなかっただけかもしれませんが、知りたいことは教えてもらえませんでした。

Q.当方からの質問

> https://bugs.launchpad.net/ubuntu/+source/linux/+bug/1734147
> ここで言っている Intel SPIドライバとは、具体的にはどれのこと？

A.ChatGPTの回答

> 提供されたリンクは、Ubuntu Linuxディストリビューションに関連するバグトラッキングシステムのページです。特定のドライバに関する情報は、リンク先のページには記載されていません。したがって、Intel SPIドライバに関する具体的な情報を直接リンクから得ることはできません。
>
> ただし、一般的にIntel SPIドライバは、Intel製のシステムに搭載されたSPI (Serial Peripheral Interface) コントローラーを制御するためのドライバです。SPIは、組み込みシステムや周辺デバイスなどで広く使用される通信インターフェイスです。

5.8.3 困ったときはカーネル本家へ

Ubuntu は Linux ディストリビューションであり、Canonical という企業が主体となって開発しています。Linux ディストリビューションに含まれる OS のコア部分のことを「Linux カーネル」と言いますが、カーネル部分は Linus さんが率いるコミュニティによる開発です。

メジャーな Linux ディストリビューションの OS 部分で重大な問題が発生した場合、当然のことながら Ubuntu だけではなく、Linux カーネル本家にも修正が入ります。よって、Linux カーネル本家でどのような修正が入ったのかを見ることで、詳細を把握することができるはずです。

Ubuntu 17.10 がリリースされたのが 2017 年 10 月 19 日で、Ubuntu 17.10.1 は 2018 年 1 月 12 日に登場しています。Ubuntu 17.10 の Linux カーネルは 4.13 でしたので、Linux カーネル本家に関しても 4.13 から見ていきます。

なお、原稿執筆時点では、Linux カーネルの最新バージョンは 6.4 ですが、あまり新しすぎると、ソースファイルの構造が大きく変わってしまっていて、git の履歴を追うのが面倒になるので、お勧めしません。

＊

Linux カーネル本家のサイトは下記になります。

このサイトの URL もデザインも昔から変わっていないので、シンプルで大変見やすいです。

https://www.kernel.org/

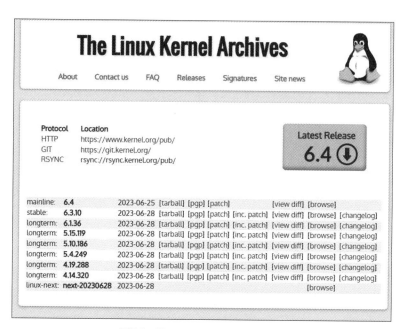

図5.6　The Linux Kernel Archives

　下のほうに「4.14」が見えるので、その行の「browse」をクリックすると、git リポジトリの履歴が見れます。

```
https://git.kernel.org/pub/scm/linux/kernel/git/stable/linux.git/log/
drivers/mfd/lpc_ich.c?h=v4.14.320
```

　「drivers/mfd/lpc_ich.c」というファイルにそれらしき修正が入っているようです。

```
https://git.kernel.org/pub/scm/linux/kernel/git/stable/linux.git/commit/
drivers/mfd/lpc_ich.c?h=v4.14.320&id=d9018976cdb6eefc62a7ba79a40
5f6c9661b08a7
```

　ただ、修正日時が「2017年7月28日」、コミット日時が「2017年9月5日」となっています。Ubuntu 17.10のリリース日よりも前です。
　これはなぜかというと、Linuxカーネル4.13では「lpc_ich.c」に対する修正が2017年4月末で最後になっているからです。

　もし、Ubuntu 17.10がLinuxカーネル4.14ベースであれば、ギリギリ、この修正が入って、事なきを得ていたかもしれませんね。

＊

　さて、報告にあった「drivers/mtd/spi-nor/spi-nor.c」ではないのが気になりますね。

　「lpc_ich.c」とは何をするためのものなのでしょうか？　「Intel SPIドライバの不具合」という言い方をされていたにも関わらず、「spi-nor.c」が修正対象ではないのが不思議ですよね。

```
[root/drivers/mfd/lpc_ich.c]
author      Mika Westerberg <mika.westerberg@linux.intel.com>    2017-07-28
13:50:42 +0300
committer    Lee Jones <lee.jones@linaro.org>    2017-09-05 08:46:01 +0100

mfd: lpc_ich: Do not touch SPI-NOR write protection bit on Haswell/Broadwell

At least on Lenovo Thinkpad Yoga, the BIOS seems to monitor the SPI-NOR
write protection bit and if it is flipped to read/write it assumes the
BIOS configuration was changed on next reboot. It then, for unknown
reasons, resets the BIOS settings back to default.

We can prevent this by just leaving the write protection bit intact and
let the SPI-NOR driver know whether the device is writable or not. In
case of this particular Lenovo the SPI-NOR flash will be exposed as
read-only.
```

5.9
カーネルパッチの読み方

Linuxカーネル4.14での修正に関して、詳しく中身を見ていきましょう。

[root/drivers/mfd/lpc_ich.c]

```
author     Mika Westerberg <mika.westerberg@linux.intel.com>     2017-07-28
13:50:42 +0300
committer     Lee Jones <lee.jones@linaro.org>     2017-09-05 08:46:01 +0100

mfd: lpc_ich: Do not touch SPI-NOR write protection bit on Haswell/Broadwell

At least on Lenovo Thinkpad Yoga, the BIOS seems to monitor the SPI-NOR
write protection bit and if it is flipped to read/write it assumes the
BIOS configuration was changed on next reboot. It then, for unknown
reasons, resets the BIOS settings back to default.

We can prevent this by just leaving the write protection bit intact and
let the SPI-NOR driver know whether the device is writable or not. In
case of this particular Lenovo the SPI-NOR flash will be exposed as
read-only.
```

英語で書いてありますが、DeepLを使うのも芸がないので、私が拙い翻訳をしてみます。

mfd: lpc_ich: HaswellとBroadwellではSPI-NORのライトプロテクトビットを触らないようにした。

少なくともLenovo Thinkpad Yogaでは、搭載されているBIOSがフラッシュメモリのSPI-NORライトプロテクトビットを監視しているように見えている。Linuxがそのビットを反転させることで、次回ブート時にBIOSの設定が変わっている。そして、原因は不明だが、BIOS設定が初期化されてしまう。

そこで、私たちはライトプロテクトビットを変えられないように保護するようにした。SPI-NORドライバが、フラッシュメモリが書き込み可能かどうか把握していたとしても、今回のLenovoの場合、SPI-NORフラッシュメモリは読み込み専用として扱われることになる。

　この説明を読む限り、原因はよくわからないが、SPI-NOR フラッシュメモリのライトプロテクトビットを変えないようにすることで、現象を回避することができると理解できます。

　結局のところ、原因は不明ですが、「こうやれば、問題が回避できそう」というレベルでしかないのです。このような処置のことを**ワークアラウンド**（**Workaround**）と言います。

　世間一般的には、原因が判明して、Linux カーネルに適切な修正がなされたと受け取られているようですが、実際にはそうではないのです。

＊

　ちなみに、Linux カーネル 4.16 では、同様の修正が別の箇所にも適用されています（2018年1月）。

```
https://git.kernel.org/pub/scm/linux/kernel/git/stable/linux.git/commit/
drivers/mfd/lpc_ich.c?h=v4.16&id=0f89ffefa4e122e7e9bc1c2d716c605
2b4601b76
```

[root/drivers/mfd/lpc_ich.c]

mfd: lpc_ich: Do not touch SPI-NOR write protection bit on Apollo Lake
Just to be on the safe side, don't touch the bit. If write access to the
flash chip is needed, the BIOS needs to enable it explicitly.

↓拙訳

mfd: lpc_ich: SPI-NOR ライトプロテクトビットを触らないようにした。
Apollo Lake において、安全サイドに倒すため。もし、フラッシュメモリへの書き込みが必要になる場合は、BIOS が明示的にビットを有効にする必要がある。

5.9.1 パッチの読み方

改版履歴の下のほうを見ると、以下のような記述があります。

```
Diffstat (limited to 'drivers/mfd/lpc_ich.c')

-rw-r--r-- drivers/mfd/lpc_ich.c 10 ████████

1 files changed, 0 insertions, 10 deletions

diff --git a/drivers/mfd/lpc_ich.c b/drivers/mfd/lpc_ich.c
index 773f1554d2f95..450ae36645aa2 100644
--- a/drivers/mfd/lpc_ich.c
+++ b/drivers/mfd/lpc_ich.c
@@ -1119,17 +1119,7 @@ static int lpc_ich_init_spi(struct pci_dev *dev)
                        res->start = spi_base + SPIBASE_LPT;
                        res->end = res->start + SPIBASE_LPT_SZ - 1;

-                       /*
-                        * Try to make the flash chip writeable now by
-                        * setting BCR_WPD. It it fails we tell the driver
-                        * that it can only read the chip.
-                        */
-                       pci_read_config_dword(dev, BCR, &bcr);
-                       if (!(bcr & BCR_WPD)) {
-                               bcr |= BCR_WPD;
-                               pci_write_config_dword(dev, BCR, bcr);
-                               pci_read_config_dword(dev, BCR, &bcr);
-                       }
                        info->writeable = !!(bcr & BCR_WPD);
                }
                break;
```

図5.7　Linuxカーネルで入った修正内容

　これはパッチ（patch）と呼ばれるもので、ソースコードをどう修正したかを表現したものとなっています。パッチはLinuxのdiffコマンド（厳密にはgit diffコマンド）で、2つのファイルを比較して、違いを表わしたものでもあります。

　diffというのは、differenceの略であり、日本語では「差分」や「差異」という言い方をすることが多いようです。私は会社員時代の文化から「差分」という言い方をよく使いますが、社外の人には伝わらないことがあります。

　行頭にマイナス（-）がついているのは、元々あった行を削除したという意味です。
　上記の例にはでてきていませんが、行頭がプラス（+）の場合は、元々なかった行を新しく追加したという意味になります。

　マイナスとプラスを使って修正差分を示す方法のことを「**Unified形式**」と呼びます。
　他にも「コンテキスト形式」も定番で、私はどちらかというと、こちらの形式のほうが読みやすくて好きです。diffの詳細はmanページに書いてあります。

5.9.2 修正内容を把握する

パッチを見ると、もとからあった行を削除しただけとなっていますが、いったいどんな処理を消したのでしょう?

そこで、Linux カーネル4.13の「drivers/mfd/lpc_ich.c」を直接覗いてみます。

拡張子が「.c」であることから、C言語というプログラミング言語で実装されています。修正箇所は、lpc_ich_init_spi関数です。

[drivers/mfd/lpc_ich.c]

```
pci_bus_read_config_dword(bus, spi, BCR, &bcr);
if (!(bcr & BCR_WPD)) {
    bcr |= BCR_WPD;
    pci_bus_write_config_dword(bus, spi, BCR, bcr);
    pci_bus_read_config_dword(bus, spi, BCR, &bcr);
}
info->writeable = !!(bcr & BCR_WPD);
```

↓修正後

```
pci_bus_read_config_dword(bus, spi, BCR, &bcr);
info->writeable = !!(bcr & BCR_WPD);
```

既存のif文がまるごと削除されていることがわかりました。ここの処理の意味を理解するためには、Intel アーキテクチャに関するハードウェアの知識が必要です。

また、修正箇所の関数名には「SPI」という言葉が入っていますが、ソースファイル名が「lpc_ich.c」となっていて、どうやらSPIドライバではなさそうです。

一般的に表に出ている障害情報では、「SPIドライバの問題」という言い方をされていますが、正しくは「Intel ICH ドライバのSPI制御の問題」ということになります。このあたりの表現も誤解を招きそうですね。

5.10
ICHを理解する

Linuxカーネル4.13において、「drivers/mfd/lpc_ich.c」というソースファイル
は、Intel ICHドライバを示すものでした。そもそもICHとは何なのでしょうか?

そのことを理解するには、Intelアーキテクチャの理解が必要となります。

そこで昔を思い出しながら、アーキテクチャの変遷を見ていくことで、Intel
ICHドライバの役割が理解できるようになります。

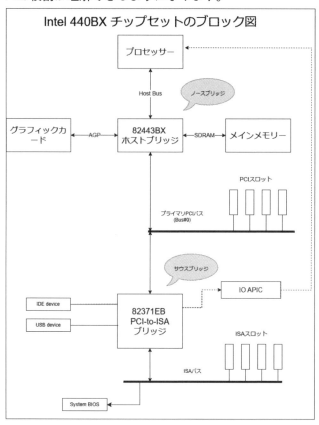

図5.8 Intel 440BXチップセット

図5.8は1998年にIntelから発売された「**440BX**」というチップセットのこと
で、マザーボードで使われていました。

　ちなみに、この頃はちょうどPC自作ブームでした。1995年にWindows95が社会現象になって、「一家に1台パソコン」と謳われていた時代です。

　令和の現在だと、反対に「家にパソコンがない」家庭が増えています。一人1つスマホを保有するようになったので、それだけで家計を圧迫することと、スマホでなんでもできるようになったので、パソコンの必要性が低くなったというのが理由かと思います。

　1998年といえば、私が大学を卒業して就職した年ですが、生まれて初めてPCを自作したのも、このときです。そのときにマザーボードのチップセットがIntel 440BXでした。搭載できるプロセッサは「Pentium II」です。Pentium（ペンティアム）という名称がかっこよくて、PCを自作するモチベーションも上がるというものです。

5.10.1 　Intel 440BX

　さきほど示した図を上から順に見ていきます。

　プロセッサというのはCPUのことですが、ホストバスでホストブリッジとつながっています。ホストブリッジにはメモリが接続され、AGPバスにグラフィックカードを搭載します。

　プロセッサを北に見立てると、ホストブリッジは北側にあるので「ノースブリッジ」とも言います。

　ホストブリッジの下にはPCIバスインターフェイスでつながり、PCIスロットが配置されています。PCIスロットには拡張カードを搭載することができます。

　ホストブリッジのさらに下には、PCI-to-ISAブリッジがつながっています。このブリッジのことを「**サウスブリッジ**」と言います。このブリッジには、IDEでHDDやCD-ROMなど、USBでUSBデバイスを接続することができます。

　PCI-to-ISAブリッジの下にはISAバスインターフェイスがあり、ISAスロットが配置されています。サウンドカードなどの高速な処理が求められない拡張カードを搭載するのが一般的でした。

　System BIOSというのは、BIOSが格納されている領域がISAバスの向こう側にあるということを意味しています。

　IO APICとは、周辺機器の割り込みを取りまとめて、プロセッサに伝達する役割をもつ割り込みコントローラーのことです。I/O（Input/Output）という言葉がでてくれば、それは周辺機器を示していると考えればよいです。

＊

　ここでポイントとなるのが、ホストブリッジとPCI-to-ISAブリッジはPCIバスで接続されているので、PCI-to-ISAブリッジそのものの制御はPCIプロトコルを使うということです。

　このことはあとで重要となるので、ここで覚えておきましょう。

5.10.2 Intel 810

　1999年にIntelからリリースされたチップセットが「810」です。

　前述の「Intel 440BX」と比較しながら、どう変化したかを見ることで、より違いを理解できます。

＊

　プロセッサとつながる部分はGMCH（**Graphics and Memory Controller Hub**）と呼ばれ、ノースブリッジという呼び方はしなくなりました。そして、グラフィックスコントローラーを内蔵しているので、別途グラフィックスカードを搭載する必要もなくなりました。

　ただ、グラフィック性能を求めるユーザーには不評だったようです。

　GMCHから下につながるのは**ICH**（**I/O Controller Hub**）と呼ばれ、こちらもサウスブリッジという呼び方はしなくなりました。

　ここで「ICH」という単語がでてきましたね。Intel ICHドライバは、このICHそのものを制御するデバイスドライバのことです。

　ICHから下のほうにつながっているのは**FWH**（**Firmware Hub**）です。ここにはSystem BIOSが格納されます。しばしばBIOSのことをファームウェアとも呼ぶので、「ファームウェア・ハブ」という名称になったのだと思われます。

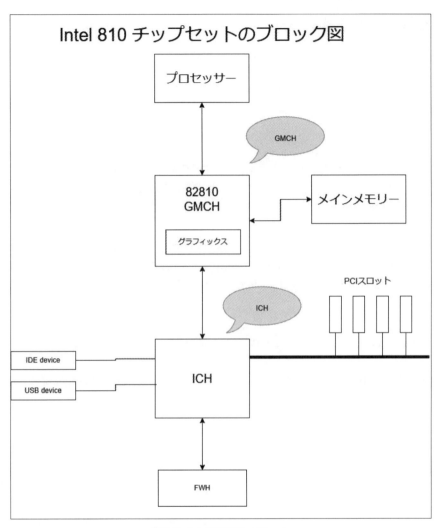

図5.9　Intel 810チップセット

＊

しかし、ここまでで「SPI」という言葉がまったくでてきていませんね。SPIが登場するのは、もう少し先のチップセットになります。

5.10.3 ICHからPCHへ

ICHはバージョン10まであがっていきましたが、ICH10が出た2008年のリリースで最後となりました。

というのも、プロセッサのスピードがどんどんと速くなっていったことで、周辺のデバイスへのアクセスが性能ボトルネックとなるという問題が出てきたからです。

そこで、GMCHをまるごとプロセッサの中に取り込むことになりました。CPUが他の機能を取り込んだことになるので、組み込み分野で使われるSoC（System on a chip）に近づいたとも言えます。

そして、従来ICHと呼ばれていたものは**PCH（Platform Controller Hub）**に名称変更となりました。「drivers/mfd/lpc_ich.c」というソースファイル名を見ると、ICHだけのサポートにみえますが、実際にはPCHもサポートしています。

＊

図5.10に、2013年に出荷されたHaswellのチップセットのブロック図を示します。

BIOSとの接続がSPIとなっています。なお、ICHの後期でもSPIがサポートされました。

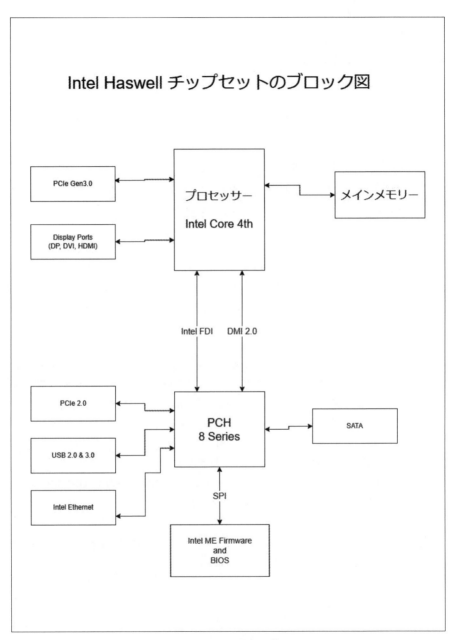

図5.10　Haswellのチップセット

5.11
PCHを理解する

「drivers/mfd/lpc_ich.c」を理解するための、ハードウェアの基礎知識がわかりました。

ここまで来ると、ドライバの修正内容が理解できるようになります。

5.11.1 PCHの制御を理解する

元々の「Ubuntu 17.10 が BIOS を破壊する」という問題では、Intel の Broadwell や Haswell で問題が発生するとありましたので、ここでは Haswell で詳細を見ていきます。

Haswell（ハスウェルもしくはハズウェルと発音する）は、2013年にIntelから発表された第4世代Coreプロセッサのコードネームのことです。プロセッサというのは、いわゆるCPUのことですが、CPUが新しくなれば、チップセット周りの仕様も変わるので、マザーボードも刷新しないといけません。

Haswellでは8 seriesのPCHを搭載します。よって、Linuxカーネルのlpc_ichドライバからPCHを制御するためには、「8 series PCH」の仕様への理解が必要です。仕様書はIntelのサイト（www.intel.com）で無償公開されていて、「intel PCH 8 series」などのキーワードで検索すると出てきます。

URLは頻繁に変わるので、ここに記載することにあまり意味はないかもしれませんが、原稿執筆時点では下記になります。

https://www.intel.com/content/dam/www/public/us/en/documents/
datasheets/8-series-chipset-pch-datasheet.pdf

＊

図5.11はブロック図を示したものです。ここでは議論に必要なパーツのみ表示しています。

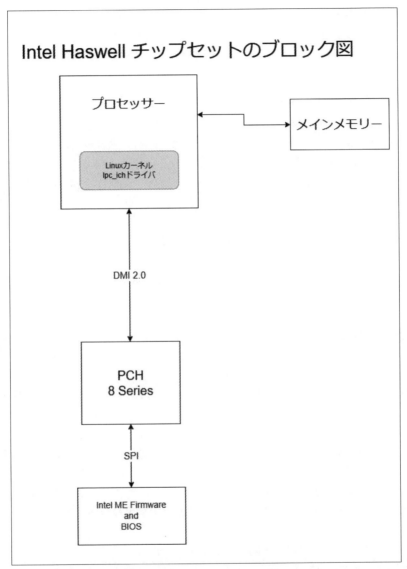

図5.11　Haswellチップセットのブロック図

　ソフトウェアはCPUの上で動くので、図ではプロセッサにLinuxカーネルのlpc_ichドライバを記載しています。

　厳密に言うと、Linuxカーネルはディスク（SSDやHDD）に保存されていて、それがメモリに転送された上で、プロセッサがメモリから機械語コードを読み取って処理しています。ここでは、漫画絵ということでご了承願います。

5.11.2 DMIとはなにか

　プロセッサとPCH間のインターフェイスが「DMI 2.0」と書いてあります。

　DMI（**Direct Media Interface**）というのは、Intelの独自規格のインターフェイスで、PCI Expressをベースとしています。ここでは「DMI 2.0」とありますが、2021年に「DMI 4.0」までバージョンがあがっており、通信性能も向上しています。

　Intel 440BXの頃はノースブリッジとサウスブリッジのインターフェイスが「PCI」でしたが、プロセッサがどんどん速くなっていったことで、プロセッサ配下の機器との間も通信性能を引き上げる必要が出てきました。

＊

　さて、lpc_ichドライバからPCHを制御するには、PCHのレジスタを読み書きできる必要があります。

　レジスタ（**Register**）というのはメモリセルのようなもので、ソフトウェア用語で言えば「変数」です。メモリなので、PCHの電源がoffされると、レジスタの内容も初期化されます。

　PCHのレジスタを読み書きするためには、DMIの仕様に準拠する必要があるわけですが、プロトコルとしてはPCI Expressになります。

　PCIプロトコルに関しては、PCIの仕様書をみればわかりますが、ここでは深入りしません。というよりも、PCIプロトコルの仕様を深く理解する必要はないのです。

　なぜならば、LinuxカーネルにはPCIレジスタにアクセスできる関数が用意されているため、それらの関数を呼び出すだけで事足りるからです。

　以下にカーネル関数名の一例を示します。

- pci_read_config_byte
- pci_read_config_word
- pci_read_config_dword
- pci_write_config_byte
- pci_write_config_word
- pci_write_config_dword

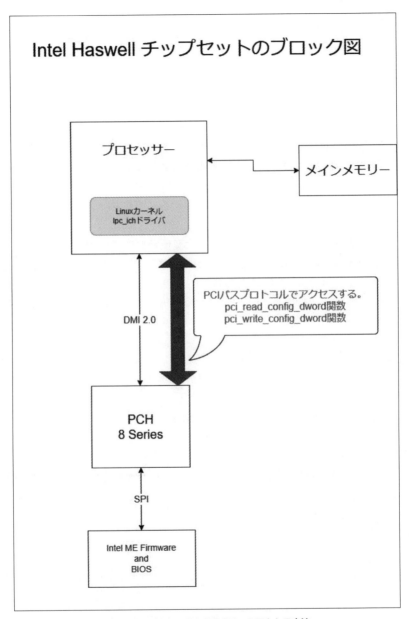

図5.12　プロセッサからPCHへのアクセス方法

5.11.3　SPIへのアクセスはどうやって？

　PCHの先には、SPIインターフェイスでフラッシュメモリが接続されています。lpc_ichドライバからフラッシュメモリにアクセスするためには、どうすればよいのでしょう？

　プロセッサとPCHは直接つながっていましたが、プロセッサとフラッシュメモリは直接つながってはいません。PCHが邪魔をしています。フラッシュメモリのセクターを消去したり、読み書きしたりするためには、SPIプロトコルを使う必要がありますが、そもそもlpc_ichドライバはどうやってフラッシュメモリに指示を出すのか、ということを考える必要があります。

　そこでMMIOと呼ばれるシンプルで、大変便利な方法が用意されています。
　MMIO（Memory Mapped Input/Output）はI/Oアクセスをメモリ経由で行なう、という意味です。I/Oアクセスというのは、ハードウェアに対して読み書きを行なうという意味で、「ハードを制御する」というニュアンスでよく使われます。

　通常、プロセッサからメモリへのアクセスは、メモリ(SDRAM)のデータが読み書きされるだけです。ところが、特定の物理アドレスへアクセスすると、不思議なことにI/Oデバイスに対するアクセスとなるのです。この物理アドレスの基底アドレスのことをBAR（Base Address）と言います。

＊

　図5.13に解説を示しました。
　このようにMMIOアクセスを使うと、プロセッサから直接デバイスを制御できるようになります。ハードウェアを制御するソフトウェアでは、ごく一般的に使われている手法です。

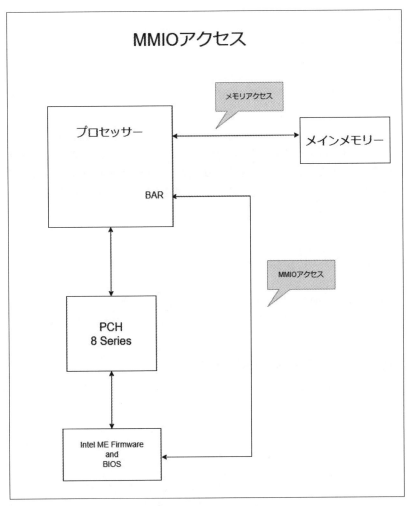

図5.13　MMIOアクセス

5.12
BARを理解する

MMIOアクセスを行なうためには、BAR（ベースアドレス）という特定のアドレスにアクセスすればよいことを解説しました。それでは、このBARはいったいどうやって決まるのでしょうか？

プロセッサからPCHの先にあるSPIフラッシュメモリをアクセスする場合、PCHの内部に「BAR」が設定されているので、LinuxカーネルのIpc_ichドライバからPCHのレジスタを読み込むことで、BARを知ることができます。つまり、流れとしては以下になります。

1. PCHからBARを読む
2. MMIOアクセスを行なう
3. SPIフラッシュメモリを制御する

それではPCHのBARというのは具体的にどこにあるのでしょう？
そのことを知るためには、PCHの仕様を読む必要があります。

5.12.1 PCHのBARはどこにある？

8 series PCHのデータシートは「8-series-chipset-pch-datasheet.pdf」で、Intelのサイトで公開されています。このPDFファイルを開いて読んでいきます。全部で822ページもあり、かつ英文なので圧倒されますが、読むのはごく一部です。

最初に読むのは、21章の「Serial Peripheral Interface (SPI)」です。目次を見ていると出てくるので、これは見つけやすいと思います。
そして、21.1の「Serial Peripheral Interface Memory Mapped Configuration Registers」を見ると、BARに関する説明が書いてありそうな雰囲気です。以下に引用します。

The SPI Host Interface registers are memory-mapped in the RCRB (Root Complex

Register Block) Chipset Register Space with a base address (SPIBAR) of 3800h and are

located within the range of 3800h to 39FFh. The address for RCRB are in the RCBA

Register (see Section 12.1.40). The individual register are then accessible at SPIBAR

+ Offsetet as indicated in the following table.

上記を当方が訳してみたのが、以下になります。

SPIホストインターフェイスのレジスタは、RCRB（Root Complex Register Block）チップセットのレジスタ空間にメモリマッピングされています。SPIのベースアドレス（SPIBAR）は、RCRBのオフセット3800h（16進）から始まり、3800hから39FFhまでの範囲となります。
RCRBのアドレスは、RCBAレジスタの中にあります（12.1.40節を参照）。
個々のレジスタはSPIBARからのオフセットで、以下に示すテーブルで定義されます。

上記の文章から、

・SPIのBAR = RCRB + 3800h

であると算出できることがわかります。

次に、RCRBが何者かを調べます。

5.12.2 RCRBとはなにか

RCRBというのはPCI Expressの用語なので、仕様としてはPCHではなく、PCI Expressの仕様書で規定されています。PCI Expressが登場する前のPCIプロトコルのことを「Legacy PCI」と区別して呼ぶこともあります。

Legacy PCIでは、バス型トポロジーでPCIデバイスが接続されていく方式となっていました。図5.14に構成例を示します。1本のバスにPCIデバイス

を接続するだけなのでシンプルなのですが、接続数には上限があります。そこで、PCI-to-PCIブリッジをつなぐことで、PCIデバイスの接続数を増やせるようになっています。

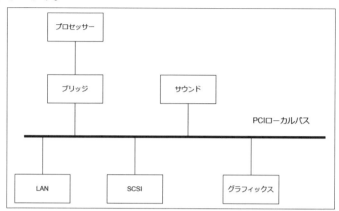

図5.14　Legacy PCIの構成例

*

PCI Expressでは、トポロジーがスター型に変わりました。図5.15に、PCI Expressの構成例を示します。

Legacy PCIと比べると、大きく変わりました。PCIの性能をアップするために、構成を大きく変えたのです。

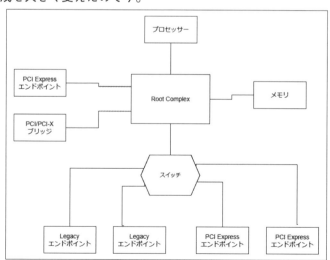

図5.15　PCI Expressの構成例

　PCI Expressのトップにあるのが**Root Complex**（ルート・コンプレックス）と呼ばれる、構成の根幹となるデバイスです。Root Complexはホストブリッジを内蔵しているため、プロセッサ（CPU）とメモリにも接続されます。

　RCRBは「Root Complex Register Block」の略ですが、ここにRoot Complexという言葉が出てきていますね。

　PCI Expressエンドポイントというのは、PCIデバイスのことです。

　Root Complexの下にあるスイッチというのは、接続可能なPCIデバイスを増やすためのものです。

*

　以上より、RCRBというのはRoot Complexの内部にあるレジスタ領域であると言えます。なお、RCRBに関して、「PCI Express® Base Specification Revision 3.0」の、「Figure 7-1: PCI Express Root Complex Device Mapping」を見ると、**図5.16**のように書いてあります。

　RCRBがOptionalとありますが、これはサポート必須ではない、という意味です。よって、RCRBのレジスタにアクセスする場合は、まずRCRBが存在するかどうかをチェックする必要があります。

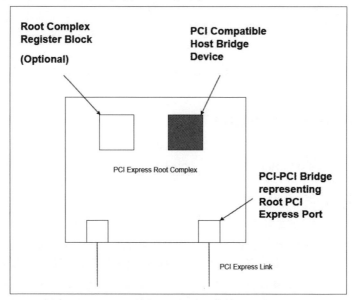

図5.16　PCI Express Root Complex Device Mapping

5.13
RCBAを理解する

PCHに接続されているSPIフラッシュメモリへアクセスするためには、MMIOのBARを算出する必要があります。BARはRCRBから算出するので、PCHからRCRBの値を読み込む必要があります。

RCRBはRCBAレジスタの中にあるので、PCHのデータシートから「RCBA」で検索をします。「8-series-chipset-pch-datasheet.pdf」では、12.1.40節で定義されています。

図5.17は、データシートからの引用ですが、当方が原文を訳したものとなります。

オフセットアドレス: F0-F3h デフォルト値: 00000000h	属性: R/W サイズ: 32ビット
ビット	**説明**
31:14	ベースアドレス(BA)でRW属性。RCRB(Root Complex Register Block)のベースアドレスを表す。このアドレスは16KB境界となる。
13:1	予約領域
0	Enable(EN)でR/W属性。このビットが1である場合、RCRBのベースアドレスとして有効であることを示す。

図5.17 RCBA - Root Complex Base Address Register (LPC I/F - D31:F0)

5.13.1 CLAIMはクレームか?

本題とは外れますが、原文ではbit0の解説が、

> When set, this bit enables ... to be claimed as the Root Complex Register Block.

となっています。

ここで「claimed」という単語が使われていますが、日本人がよく使うクレームとは、まったくの別物です。クレームは「苦情を言う」、「不平不満を相手にぶちまける」という意味合いで使われますが、英語では「complain」に該当します。

英語での「claim」は、「要求する」や「主張する」という意味で使われます。

　しかしながら、claim を訳すときに「要求」や「主張」という言葉をそのまま当てはめると、少しおかしな日本語になってしまいます。そのため、私は社内文書を作るときは、そのまま「CLAIMED される」のような記載を行なっていたこともありました。社内であれば、これで話が通じるからです。

　PCHの文章をどう訳すかは悩んだところなのですが、bit0 を立てるとベースアドレスが使えるようになるわけですから、「有効となる」という表現にしました。他にも、適切な表現があると思います。

5.13.2　RCBAの算出方法

　RCBA レジスタは 4 バイト（32bit）の大きさをもち、bit0 が 1 かどうかでベースアドレスが有効かどうかを判断します。

　bit0 が 0 であるということは、RCRB が存在しないということです。PCI Express の仕様として、RCRB は Optional 扱いになっていますので、ソフトウェア側からは bit0 をチェックする必要があります。

　bit14-31 に RCRB のベースアドレスが格納されます。16KB 境界であるとありますが、16KB=16*1024=0x4000 となるので、下位 14bit がゼロです。つまり、RCRB の取得方法は下記の計算式となります。「&」はビット単位での論理積、「~」はビット単位での反転を意味します。

・RCRB = RCBA & ~（16*1024 - 1）

　RCBA の 4 バイトを読み出し、下位 14bit をゼロにすることで、ベースアドレスである RCRB が得られます。Reserved の bit1-13 はゼロが格納されているかもしれませんが、不定値が入っている可能性がないわけではないです。

　ここで間違いやすいのが、「bit14-31」の部分を取り出して、14bit 右にシフトしてしまうことです。こうすると、16KB 境界にならなくなってしまい、不正なベースアドレスが算出されてしまいます。私が若手の頃はこうした勘違いがあり、よく先輩や上司に怒られたものです。この Intel の仕様書を読んでいて、そんな昔のことを思い出しました。

＊

　上記の計算式を、C 言語で書くと以下になります。一部、C23 でサポートされる機能を使っています。

[round.c]

```
#include <stdio.h>
#include <stdint.h>

#define __round_mask(x, y) ((__typeof__(x))((y)-1))
#define round_down(x, y) ((x) & ~__round_mask(x, y))

int main()
{
    uint32_t addr, base;

    addr = 0x1234'fbcd;
    base = round_down(addr, 16*1024);
    printf("%x(%b)\n", addr, addr);
    printf("%x(%b)\n", base, base);
}
```

　gcc13でビルドしたときの実行結果を以下に示します。このような操作のことを「16KB境界で切り下げる」や「16KB境界で切り詰める」などと言います。

```
# cc -std=c2x round.c
# ./a.out
1234fbcd(1001000110100111111011111001101)
1234c000(1001000110100110000000000000000)
```

＊

　参考までに、最近流行りのRust（ラスト）というプログラミング言語で書くと、以下になります。

　Rustは元々Mozillaが始めたProjectですが、LinuxカーネルでもRustがサポートされるようになりました。今後はC言語だけではなく、Rustも知っていないと、Linuxカーネルのソースコードが読めない時代がやってくるので、いまのうちから学習を進めておくのがよいと思います。

[round.rs]
```
fn round_down(x: u32, y: u32) -> u32 {
    let val = x & !(y - 1);
    val
}

fn main() {
    let addr:u32 = 0x1234_fbcd;
    let base:u32;

    base = round_down(addr, 16*1024);
    println!("{:x}({:b})", addr, addr);
    println!("{:x}({:b})", base, base);
}
```

```
# rustc round.rs
# ./round
1234fbcd(10010001101001111101111001101)
1234c000(10010001101001100000000000000)
```

5.14
LPCインターフェイスを理解する

PCHのRCBAレジスタに関して、Intelのドキュメントを見ていきます。

オフセットアドレス: F0-F3h デフォルト値: 00000000h	属性: R/W サイズ: 32ビット

ビット	説明
31:14	ベースアドレス(BA)でRW属性。RCRB(Root Complex Register Block)のベースアドレスを表す。このアドレスは16KB境界となる。
13:1	予約領域
0	Enable(EN)でR/W属性。このビットが1である場合、RCRBのベースアドレスとして有効であることを示す。

図5.18　RCBA - Root Complex Base Address Register (LPC I/F - D31:F0)

オフセットアドレスが「F0-F3h」とありますが、そもそもオフセットとはなんでしょうか？　これについてはPCIプロトコルに関する基礎知識が必要なので、後ほど解説します。

　デフォルト値がオールゼロ（00000000h）になっていますが、このデフォルト値というのはシステムの電源を入れたときの初期値という意味です。PCHはハードウェアですので、ハードとしての初期値を保証しているという意味にもなります。

　そうすると、PCHのRCBAレジスタに値を設定するのは誰なのかという疑問が出てきますが、その答えはBIOS（UEFIファームウェア）です。以下に流れを示します。

1. システムをPowerONする
2. BIOSが起動する
3. BIOSがハードウェアの初期化を行なう
4. BIOSがブートローダーを起動する
5. ブートローダーがOS（Linux）を起動する

　BIOSは無数にあるレジスタを1つずつ設定してまわる必要があり、BIOS開発というのは想像以上に大変な作業なのです。もし、1つでも設定ミスがあり、その設定をOSが参照していたとすると、OSは誤動作します。OS側としては、レジスタの値が正しいものとして扱うしかなく、明らかに値がおかしい場合はKernel panicさせるなどの処置をすることになります。Microsoft WindowsであればBSOD（Blue Screen Of Death）を発生させることになるのでしょう。

　属性というのは、レジスタに対して読み書きができるかどうか、という意味です。「R/W」とあれば、読み込みも書き込みも可能という意味です。レジスタのビットごとに属性が異なる場合もあります。

　サイズはレジスタの大きさのことで、たいていは4バイト（32bit）です。

5.14.1　LPC I/F - D31:F0

　レジスタ名のところに「LPC I/F - D31:F0」という表記がありますが、これはどういう意味なのでしょうか？

　LPC（**Low Pin Count**）というのはIntelが作ったバスの規格で、BIOSのフラッシュメモリやSIO（**Super I/O**）を接続するために使われていました。SIOはレガシーデバイスの取りまとめたものです。

レガシーデバイスというのは何かというと、

・シリアルポート（COM）
・パラレルポート
・フロッピーディスク
・キーボード（PS/2）
・マウス（PS/2）

などのことです。

私のような古い世代であれば、馴染みあるデバイスですが、若い世代には見たこともないと思います。パソコンにCOMポートも付かなくなり、いまはUSB接続が主体となってしまいましたから。

現在では、レガシーデバイスはもはやハードウェアとしてはサポートされませんが、COMポートをサポートするマザーボードもあります。この場合、BIOSでエミュレーションする、専用のSIOチップでサポートする、といったやり方を取ることになります。

8series PCHでは、LPCバスを機能として実装していて、PCIデバイス「D31:F0」としてマッピングしています。RCBAレジスタは、LPCの中で定義されているので、「LPC I/F - D31:F0」という表記がでてくるというわけです。

5.14.2 D31:F0とはなにか

「D31:F0」という表記は何を意味するのでしょうか？

Dはデバイス（Device）、Fはファンクション（Function）の頭文字なのですが、これだけではよくわからないですよね。この意味を理解するためには、PCIプロトコルの基礎知識が必要です。

＊

Legacy PCIとPCI Expressにおいて、ソフトウェア（Linuxカーネルのデバイスドライバ）からPCIデバイスにアクセスする場合、デバイスを指定するために以下の3つの情報を使います。

・バス番号（Bus）
・デバイス番号（Device）
・ファンクション番号（Function）

Linuxのlspciコマンドを使うと、OSが認識しているPCIデバイスの一覧がわかります。

以下は、Oracle Virtual Box 7.0.10でUbuntu 23.04を動作させたときのものです。

左列にある「00:00.0」というような文字列が「バス番号:デバイス番号.ファンクション番号」を表わしています。

「00:01.1」で言えば、バス番号=0、デバイス番号=1、ファンクション番号=1と読み替えることができます。

```
# lspci
00:00.0 Host bridge: Intel Corporation 440FX - 82441FX PMC [Natoma] (rev
02)
00:01.0 ISA bridge: Intel Corporation 82371SB PIIX3 ISA [Natoma/Triton II]
00:01.1 IDE interface: Intel Corporation 82371AB/EB/MB PIIX4 IDE (rev 01)
00:02.0 VGA compatible controller: VMware SVGA II Adapter
```

lspciコマンドに「-x」オプションを付与すると、PCIデバイスごとに詳細な情報を得ることができます。

```
# lspci -v -s 00:01.1
```

上記のコマンドを実行すると、PCIコンフィグレーション空間と呼ばれる領域を16進ダンプできます。この空間にはPCIデバイスに関する情報が格納されており、PCIデバイスを制御するデバイスドライバとの紐づけにも使われます。空間のサイズは、Legacy PCIでは256byte、PCI Expressでは4KBとなっています。

空間の先頭にあるのがVendor ID（2byte）とDevice ID（2byte）です。Intelの PCIデバイスは、Vendor IDが8086になっている、というのは、界隈ではよく知られた小話です。

```
                ベンダーID

                    デバイスID

00:01.1 IDE interface: Intel Corporation 82371AB/EB/MB PIIX4 IDE (rev 01)
00: 86 80 11 71 17 00 00 00 01 8a 01 01 00 40 00 00
10: 00 00 00 00 00 00 00 00 00 00 00 00 00 00 00 00
20: 81 c1 00 00 00 00 00 00 00 00 00 00 00 00 00 00
30: 00 00 00 00 00 00 00 00 00 00 00 00 ff 00 00 00
```

図5.19　PCIコンフィグレーション空間の実例

5.15
SPIフラッシュメモリを理解する

PCHのRCBAレジスタに関して、Intelのドキュメントを見ていきます。

「D31:F0」はデバイス番号が31、ファンクション番号が0という意味になります。D31の31は10進なので、16進では1Fh(0x1F)になります。データシートでは16進表記としては「??h」がよく使われますが、PCHのデータシートをみると「0x??」も一部で使われていました。

ところで、PCHのデータシートを見ていると、バス番号についての記載がないことに気が付きます。実は、バス番号はBIOSが割り振るものなので、仕様として決めることができません。だから、仕様書ではバス番号を抜いた形式として、「LPC I/F - D31:F0」という表現になっているのです。

バス番号は0から割り振られ、PCIデバイスの数が増えてくると、バス番号1以上が使われます。

5.15.1 オフセット

RCBAレジスタでは、オフセットアドレスが「F0-F3h」であると書いてありますが、これはいったいなんでしょうか?

バス番号・デバイス番号・ファンクション番号の3つの情報は、PCIデバイスを特定することはできるのですが、それだけではPCIレジスタにアクセスできません。

PCIレジスタは、PCIデバイスの中で定義されています。さらにオフセット(offset)を指定することでPCIレジスタにアクセスできるようになるのです。

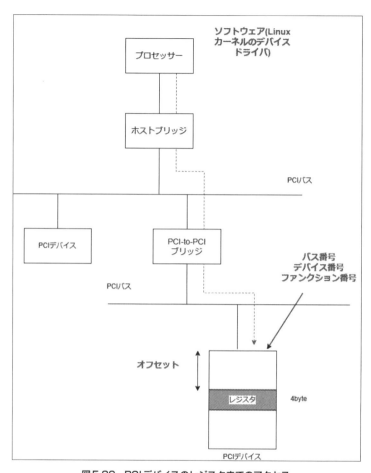

図5.20　PCIデバイスのレジスタまでのアクセス

　「LPC I/F - D31:F0」に関しては、多くのレジスタが用意されており、PCH
のデータシートでは、「Table 12.1 LPC Interface PCI Register Address Map」
にレジスタが定義されています。

オフセット	短縮名	レジスタ名	デフォルト値	属性
00-01h	VID	Vendor Identification	8086h	RO
02-03h	DID	Device Identification	レジスタの説明を参照のこと。	RO
...	...	...	...	...
E8-EBh	FVECD	Feature Vendor Data	レジスタの説明を参照のこと。	RO
F0-F3h	RCBA	Root Complex Base Address	0000_0000h	R/W

図5.21　LPC I/FのPCIレジスタ一覧

このように、PCIレジスタにアクセスするためには、バス番号・デバイス番号・ファンクション番号・オフセットの4つの情報が必要となります。

5.15.2　SPIフラッシュメモリの使われ方

PCHの先にSPIを使ってつながるフラッシュメモリに関して、その使い方についてもみておきます。

フラッシュメモリにはBIOS（UEFIFW）が格納されるのですが、実際にはBIOS以外のモジュールも含まれます。

フラッシュメモリの使い方については、PCHのデータシートの「5.26.1 SPI Supoorted Feature Overview」に記載があります。

フラッシュメモリをどう扱うかについて、「Non-Descriptor Mode」と「Descriptor Mode」の2つがあります。それぞれの役割を以下に示します。

Non-Descriptor Mode：全体をBIOSで使う
Descriptor Mode：BIOS以外のモジュールも使う

「Non-Descriptor Mode」は古い方式で、8series PCHではサポートされていません。PCHデータシートの5.26.1.1にも下記の一文があります。よって、ここでは特に気にしなくてよいです。

Non-Descriptor Mode is not supported as a valid flash descriptor is required for all PCH platforms.
↓拙訳
Non-Descriptor Modeはサポートされません。なぜなら、すべてのPCHに有効なflash descriptorが必要だからです。

「Descriptor Mode」では、フラッシュメモリの区分（Region）が仕様として明確に決まっています。図5.22に示すように、5つのRegionがあります。

リージョン	説明
0	Flash descriptor
1	BIOS
2	Intel Management Engine
3	Gigabit Ethernet
4	Platform Data

図5.22　SPIフラッシュメモリのリージョン

5.16
SPIフラッシュメモリの区分け

Descriptor ModeにおけるSPIフラッシュメモリでは、「Flash Descriptor・BIOS・Management Engine・Gigabit Ethernet・Platform Data」の5つの区分（Region）に分かれています。SPIフラッシュメモリは製品によって容量やセクタサイズが異なるため、個々のRegionのサイズは、仕様としては1つに決まっていません。

Flash Descriptorについては、4KB・8KB・64KBのいずれかと決まっています。
Gigabit Ethernet（GbE）は、8KB・16KB・128KBのいずれかです。
残りのRegionについては、任意のサイズでよいとされています。

5.16.1　Flash Descriptor

SPIフラッシュメモリの先頭にあるのが「Flash Descriptor」です。
この領域はマザーボードを製造するときに書き込みを行ない、工場出荷後は読み込み専用（Read only）となるため、書き換え不可となります。当然のこと

ながら、Flash Descriptor が壊れたときは BIOS が起動できない状態になるので、
PC としては故障扱いになります。

　以下に、Flash Descriptor のセクションを示します。

図5.23　Flash Descriptor のセクション

　セクションの最初にあるのが**シグネチャー**（Signature）で、値が「0FF0 A55Ah」と決まっています。

　シグネチャーの配置が00hではなく10h（10進で16）からになっているので、SPIフラッシュメモリの00h-0Fhは、じつは未使用です。ICHのときは00hから配置されていたのですが、PCHになって仕様変更となりました。仕様が変わっただけですので、あまり深く考えなくてよいです。

　Flash Descriptorでは、BIOS、Management Engine Firmware, Gigabit Ethernet Firmwareのリージョン（Region）がどこにあるかを定義しています。

5.16.2　BIOS

　PCの電源ボタンを押下して、最初に起動されるソフトウェアがBIOSです。厳密な言い方をするとUEFIファームウェアになりますが、BIOSで一般的には通じます。

　BIOSは起動すると、ハードウェアの初期化を行ないます。ここでいう初期化にも無数の処理があるわけですが、以前にも説明したPCHの各種レジスタの初期値を設定することも含まれます。また、BIOSはハードウェアの故障チェックも行ないます。故障していた場合は、そこで警告を出して起動を停止させます。

　ただし、故障チェックはすべてのハードウェアに対して行なえるわけではありません。たとえば、USBメモリのコネクタが壊れていたとしても、BIOSはそのことに気が付きません。OSが起動して、ユーザーが初めてUSBコネクタを使おうとしたときに気が付きます。

　他にも、PCI ExpressバスにささっているPCIデバイスが故障していた場合も同様です。

　こうしたBIOSの一連の処理のことを**POST**（Power On Self Test）と言います。

　POSTが完了すると、BIOSはブートローダーを起動します。BIOSの仕事としては、ここまでです。

5.16.3 Intel Management Engine

Intel Management Engine（略してIMEもしくはME）とはなんでしょうか？

ざっくり言うと、Intelが開発したチップセットで、マザーボード上に搭載されており、さまざまな機能をサポートすることで付加価値を提供することが目的です。ME自体は組み込み型マイクロコントローラーです。

ME自体にはCPUが搭載されており、BIOSやOSを動かすための「Intel Core i7…」とはまったく別のプロセッサになります。そして、MEを制御するためにはソフトウェアが必要で、それが「Management Engine Firmware」です。組み込みソフトウェアのことをファームウェア（Firmware）とも呼ぶので、「Firmware」という用語がところどころに出てきています。

当然のことながら、ファームウェアもソフトウェアなので不具合がある場合は改修が必要となります。そこで、BIOSアップデートでMEのファームウェアも更新できるようにするため、SPIフラッシュメモリに配置するようになっているのです。

つまり、BIOSアップデートではBIOSだけを更新することもあれば、MEのファームウェアしか更新しないこともあるということです。このことはBIOSアップデートのリリース通知をよく読むと書いてあります。

＊

なお、MEはIntelが開発している機能なのですが、プロプライエタリなので仕様がオープンにはなっていません。また、脆弱性があるなどして、過去に何度も改修が入っていることもあり、MEの存在自体を好ましく思っていない人たちもいるようです。

実は、MEの機能は無効化することもできるので、マザーボードのメーカーが不要と判断すれば、PCの電源オン（Power ON）の段階から「MEを動作させない」ことも可能で、実際にそのような製品も存在します。

製品の付加価値をどう提供するかはメーカー次第です。

5.16.4 Gigabit Ethernet

マザーボードにはIntel製の内蔵LAN（オンボードLAN）が搭載されています。昔、ネットワークがまだ主流ではなかった頃は、PCからネットワーク通信をサポートするためには拡張スロットにネットワークデバイスを追加する必要がありました。

しかし、時代が進み、PCを買ったらすぐにインターネットに接続する必要があるという状況になると、PCに最初からネットワーク機能がないのは非常に不便です。そこで、内蔵LANがマザーボードに搭載されるようになりました。

SPIフラッシュメモリにあるGigabit Ethernet Firmwareは、この内蔵LANを制御するためのファームウェアです。ただし、このファームウェアの用途の詳細は不明です。というより、PCHのデータシートには詳しくは書いてありませんでした。

＊

BIOSの機能として、ネットワーク経由でOSを起動する**ネットワークブート**という機能があり、**PXE Boot**（**Pre-Boot Execution Environment**）とも呼ばれます（PXEはピクシーと発音します）。

BIOSから内蔵LANのネットワーク機能を使うために、Gigabit Ethernet Firmwareを活用するのだと思われます。

なお、OSが起動した場合は、OSに同梱されているデバイスドライバが内蔵LANを制御するので、Gigabit Ethernet Firmwareを使うことはできません。

5.17
デバイスドライバの実装を読む

Ubuntu 17.10のLinuxカーネル4.13で問題となった箇所を見ていきます。まずは、処理の内容を理解するところから始まります。

修正の内容は、下記のgitコミットをみると、「drivers/mfd/lpc_ich.c」のlpc_ich_init_spi関数であることがわかります。

```
https://git.kernel.org/pub/scm/linux/kernel/git/stable/linux.git/commit/
drivers/mfd/lpc_ich.c?h=v4.14.320&id=d9018976cdb6eefc62a7ba79a40
5f6c9661b08a7
```

この関数を覗いてみましょう。

```
[drivers/mfd/lpc_ich.c]
static int lpc_ich_init_spi(struct pci_dev *dev)
{
...
}
```

関数名には何もコメントがないので、関数の仕様がよくわかりませんが、関数の名前からPCHのSPIフラッシュメモリに関する初期化処理であろうことが予想できます。「lpc_ich_…」という名前になっているのは、PCHの前身がICHという名前だったことに由来しているだけなので、ここではあまり気にしなくてよいです。

5.17.1　関数の呼び出しフロー

次に、この関数がどう呼び出されているかを見ます。cflowコマンドを使うと関数フローを自動で抽出できますが、今回の実装ではツールを使わずとも目視確認でもすぐにわかるレベルです。

```
[# cflow drivers/mfd/lpc_ich.c]
lpc_ich_probe
  lpc_ich_init_spi
```

225

lpc_ich_probe関数が呼ばれているだけですが、この関数自体はどこから呼び出されるのでしょうか?

同じソースファイルを探していくと、関数名 (lpc_ich_probe) が構造体のメンバーにセットされているところがあります。

```
static struct pci_driver lpc_ich_driver = {
    .name       = "lpc_ich",
    .id_table   = lpc_ich_ids,
    .probe      = lpc_ich_probe,      ★
    .remove     = lpc_ich_remove,
};


module_pci_driver(lpc_ich_driver);
```

lpc_ich_driver構造体は、module_pci_driverというマクロに指定されています。これらの記述の意味するところはいったいなんでしょうか?

*

Linux カーネルは起動時に、システムに搭載されている PCI デバイスをスキャンします。これを **PCI bus walk** と言います。検出した PCI デバイスのコンフィグレーション空間を読み込み、Vendor ID と Device ID を取得します。

このとき、事前に登録されているデバイスドライバ (PCI ドライバ) と PCI デバイスを突き合わせて、紐づけができるようであれば、PCI デバイスの制御を、当該デバイスドライバに一任します。

module_pci_driver マクロを使って、PCI ドライバとして「lpc_ich_driver」を登録しておくことで、該当する PCI デバイス (ここでは PCH) が検出されたタイミングで、PCI ドライバを起動できます。

このときに呼び出されるのが、lpc_ich_driver構造体のprobe メンバーです。

1. Linux カーネルが起動する
2. PCIデバイスを検索する
3. PCIデバイスのIDをPCIドライバの紐づけを行なう
4. PCI ドライバのprobe関数を呼び出す

5.17.2　ホットプラグ

　remove関数も用意されていますが、こちらはOS（Linux）を起動した状態で、PCIデバイスを取り外す（Hot Remove）場合に呼び出される関数です。しかし、一般的なPCやPCサーバではHot Remove機能をサポートしていないので、remove関数を呼び出してテストすることは不可能です。

　同様に、OS動作中にPCIデバイスを追加する（Hot Add）場合、probe関数が呼び出されることになりますが、こちらも通常のPCでは機能としてサポートしていません。
　これらのHot Add、Hot Removeの機能のことをHot Plug機能と言います。

5.17.3　PCI IDテーブル

　PCIドライバはLinuxカーネルに対して、ドライバの登録を行なう際、どのPCIデバイスを制御できるのかを明確にする必要があります。そのための情報として、PCIコンフィグレーション空間にあるPCI ID（Vendor IDとDevice ID）を使います。

　lpc_ich_driver構造体でid_tableメンバーに設定している「lpc_ich_ids」が、PCIドライバが定義するIDをセットします。Linuxカーネルは、このID情報を参照して、PCIデバイスと紐づけができないかをチェックします。

　lpc_ich_idsは配列になっているのですが、その中身を少し覗いてみましょう。全部で235行もの定義があり、かなり大きな構造体のデータとなっています。

```
static const struct pci_device_id lpc_ich_ids[] = {
    { PCI_VDEVICE(INTEL, 0x0f1c), LPC_BAYTRAIL},
    { PCI_VDEVICE(INTEL, 0x1c41), LPC_CPT},
    ...
};
MODULE_DEVICE_TABLE(pci, lpc_ich_ids);
```

　PCI_VDEVICEマクロでPCI IDを指定しています。右側にある「LPC_BAYTRAIL」というような定義はチップセットのコードネームを表わしています。
　マクロは、「PCI_VDEVICE（Vendor ID, Device ID）」という書式となっているので、INTEL（0x8086）がVendor IDとなります。

5.17.4 LPC I/FのDevice IDはいくつか？

PCIデバイスのPCI IDがいくつかは、当然仕様として定義されているので、仕様書を見ればわかります。

たとえば、RCBAレジスタの場合、「LPC I/F D31:F0」にアサインされています。PCHのデータシートの下記をみると、Device IDが定義されています。

Linuxカーネルの「lpc_ich.c」のlpc_ich_ids配列において、PCI IDが定義されていれば、該当するPCIデバイスはサポート対象であることがわかります。

Device Function	説明	Device ID	C1 SRID	コメント
D31:F0	LPC	8C41h	04h	LPCコントローラー(Mobile Full Featured Engineering Sample)
		8C42h	04h	LPCコントローラー(Desktop Full Featured Engineering Sample)
		8C44h	04h	LPCコントローラー(Z87 SKU)
		8C46h	04h	LPCコントローラー(Z85 SKU)
		8C49h	04h	LPCコントローラー(HM86 SKU)
		8C4Ah	04h	LPCコントローラー(H87 SKU)
		8C4Bh	04h	LPCコントローラー(HM87 SKU)
		8C4Ch	04h	LPCコントローラー(Q85 SKU)
		8C4Eh	04h	LPCコントローラー(Q87 SKU)
		8C4Fh	04h	LPCコントローラー(QM87 SKU)
		8C50h	04h	LPCコントローラー(B85 SKU)
		8C52h	04h	LPCコントローラー(C222 SKU)
		8C54h	04h	LPCコントローラー(C224 SKU)
		8C56h	04h	LPCコントローラー(C226 SKU)
		8C5Ch	04h	LPCコントローラー(H81 SKU)

図5.24 Table 1-8. PCH Device and Revision ID Table (Sheet 3 of 3)

5.18
probe処理

Linuxカーネルは PCIデバイスとしての PCH を見つけたら、PCIドライバの probe関数を呼び出して、PCIデバイスの初期化を依頼します。

[drivers/mfd/lpc_ich.c]

```
static int lpc_ich_probe(struct pci_dev *dev,
            const struct pci_device_id *id)
{
    priv->chipset = id->driver_data;   ①

    if (lpc_chipset_info[priv->chipset].spi_type) {  ②
        ret = lpc_ich_init_spi(dev);
        if (!ret)
            cell_added = true;
    }

}
```

①で driver_data を読み出していますが、これは PCI IDテーブルで指定していたコードネームのことです。8series PCH の LPC (D31:F0) で、Device ID=8C41h で言えば、「LPC_LPT」です。これは lpc_chipsets列挙型の定数であり、実体としては数値(int型)です。

よって、priv->chipset には LPC_LPT が代入されます。

```
static const struct pci_device_id lpc_ich_ids[] = {
    { PCI_VDEVICE(INTEL, 0x8c41), LPC_LPT},
```

②では、lpc_chipset_info構造体配列のインデックスに、さきほどの LPC_LPT を指定しています。spi_typeメンバーは何が入っているのか見てみましょう。

```
static struct lpc_ich_info lpc_chipset_info[] = {
    [LPC_LPT] = {
        .name = "Lynx Point",
        .iTCO_version = 2,
        .gpio_version = ICH_V5_GPIO,
        .spi_type = INTEL_SPI_LPT,    ★
    },
```

INTEL_SPI_LPTという値が入っていました。これはintel_spi_type列挙型で定義されている値です。nameにもありますが、"Lynx Point"がPCHのコードネームで、略してLPTという意味合いで、ここでは使っているのだと思います。

spi_typeに値が入っていたので、lpc_ich_init_spi関数を呼び出します。

チップセットによってはSPIフラッシュメモリをサポートをしない製品もありますので、その場合はspi_typeがゼロ(0)となり、lpc_ich_init_spi関数が呼ばれることはありません。

5.18.1 lpc_ich_init_spi関数

lpc_ich_init_spi関数の中身を見ていきます。

spi_typeをみて、switch文で処理をわけていますが、これはSPIフラッシュメモリの種類ごとに制御が異なるからです。今回、Ubuntu 17.10で問題となった箇所は「③」のところですので、こちらを詳しく見ていきます。

言い換えると、SPIの種別がINTEL_SPI_LPT以外のものに関しては、今回の問題とは関係がないと言えます。

```
static int lpc_ich_init_spi(struct pci_dev *dev)
{
    info->type = lpc_chipset_info[priv->chipset].spi_type;

    switch (info->type) {
    case INTEL_SPI_BYT:
        break;

    case INTEL_SPI_LPT:   ③
        break;

    case INTEL_SPI_BXT:
        break;
    }
}
```

caseの始めをみると、pci_read_config_dword関数でPCIレジスタを4byte読み込んでいます。RCBABASEマクロの値は「0xf0」なので、結果として「LPC I/F D31:F0」のオフセット0xF0から0xF3までを読み込むという意味になります。

```
    u32 spi_base, rcba, bcr;
```

```
case INTEL_SPI_LPT:
    pci_read_config_dword(dev, RCBABASE, &rcba);
    if (rcba & 1) {
      ...
    }
    break;
```

5.18.2 ソースコードレビュー

さて、ここで何か気が付かないでしょうか？

pci_read_config_dword関数によるPCIレジスタの読み込みが失敗した場合、どうなるのだろうか、ということです。

関数の返り値はvoid型ではなく、int型で、何らかの値を返す実装になっています。ここはOSSなので仕様書というものは存在しませんが、PCIのヘッダファイルに返り値の定義がありました。

返り値がゼロ（0）ならば正常で、非ゼロならエラーということになります。

```
[include/linux/pci.h]
#define PCIBIOS_SUCCESSFUL           0x00
#define PCIBIOS_FUNC_NOT_SUPPORTED   0x81
#define PCIBIOS_BAD_VENDOR_ID        0x83
#define PCIBIOS_DEVICE_NOT_FOUND     0x86
#define PCIBIOS_BAD_REGISTER_NUMBER  0x87
#define PCIBIOS_SET_FAILED           0x88
#define PCIBIOS_BUFFER_TOO_SMALL     0x89
```

つまり、PCIレジスタの読み込みが失敗して、関数の返り値がエラーになった場合、あるべき姿としては関数の返り値をチェックするのですが、それが漏れているのです。正しく書くなら、一例として以下のようになります。

```
case INTEL_SPI_LPT:
    int ret = pci_read_config_dword(dev, RCBABASE, &rcba);
    if (ret == PCIBIOS_SUCCESSFUL) {
        if (rcba & 1) {
          ...
        }
    }
    break;
```

　OSSではエラーチェックが甘い傾向があるのですが、日本における業務開発では厳しくチェックされます。

　ちなみに、pci_read_config_dword関数が失敗した場合、「&rcba」には「~0」や「0」、不定値が格納されます。「~0」の場合、これはu32型ですから、0xffff_ffffになります。つまり、末尾の1bitが立ってしまうので、次のifに入ってしまいます。

　関数が失敗した場合、後続のifに入ったり、入らなかったりするので、やはり、このような動きはよくないですね。

```
u32 spi_base, rcba, bcr;   ★rcbaの初期値は不定。

case INTEL_SPI_LPT:
    pci_read_config_dword(dev, RCBABASE, &rcba);
    ★関数が失敗すると rcba = 0xffff_ffff や不定値

    if (rcba & 1) {  ★ 真になる場合がある
      ...
    }
    break;
```

5.19
SPI領域へのアクセス

lpc_ich ドライバの lpc_ich_init_spi 関数において、下記の pci_read_config_dword 関数で読み出しているのは RCBA レジスタです。

```
case INTEL_SPI_LPT:
    pci_read_config_dword(dev, RCBABASE, &rcba);
    if (rcba & 1) {
      ...
    }
    break;
```

RCBA を読み取ることで RCRB(Root Complex Register Block) の BAR(ベースアドレス)がわかります。

ただし、RCRB は PCI Express の仕様として、RCRB はオプションなのでハードウェア構成によっては存在しない場合があります。そのため、bit0 の Enable bit をみて RCRB の存在有無をチェックします。このチェックは必須です。

5.19.1 SPIベースアドレスの計算

それでは if 文の中身を1つずつ見ていきます。

```
    if (rcba & 1) {
        spi_base = round_down(rcba, SPIBASE_LPT_SZ);   ①
        res->start = spi_base + SPIBASE_LPT;            ②
        res->end = res->start + SPIBASE_LPT_SZ - 1;     ③
        ...
    }
```

①では、round_down マクロを使って、RCBA の 4byte データから bit31:14 の部分のみを有効として、残りの bit (13:0) をオールゼロにしています。このような操作のことをマスク(mask)と言います。

たとえば、0x1234fbcd という値があるとします。2進では「1001000110100 1111101111001101」になります。進数の変換は Windows の電卓を使えば、簡単にできますね。

この値に対して、下位14bit（13:0）をゼロでマスクすると、下記の通り変化します。0x1234fbcdから0x1234c000になります。

```
10010001101001111101111001101
    ↓
10010001101001100000000000000
                  ^^^^^^^^^^^^^^ ゼロが14個続く
```

この操作により、RCRBベースアドレスを求めることができます。

5.19.2　不具合を発見？

round_downマクロの引数に渡している「SPIBASE_LPT_SZ」をみると、512という値になっていました。この値はこれで正しいのでしょうか？

```
#define SPIBASE_LPT_SZ        512
```

マクロの仕様がよくわからないので、実装を見て調査を行ないます。

```
#define __round_mask(x, y) ((__typeof__(x))((y)-1))
#define round_down(x, y) ((x) & ~__round_mask(x, y))
```

round_downマクロの引数yは、__round_maskマクロのy引数にそのまま渡されるので、結果として、

```
    round_down(rcba, 512)
        ↓
    (rcba) & ~(u32)(512-1)
```

に変換されることになります。

512-1=511は16進で0x1FFですから、2進で000111111111となります。下位から数えて1の数は9個です。この値を~でビット反転すると、下位から9個だけがゼロになるのでマスクしても、9bit分しかゼロに落とせません。

PCHの仕様では、下位14bitをマスクすることになっているので、これはLinuxカーネルの不具合ということが言えます。

ただ、RCBAレジスタのbit13:1はReserved（予約領域）になっているのですよね。この領域がオールゼロであることが保証されていれば、ビットマスクが間違っていたとしても実害はなく、正しいベースアドレスが算出できます。

PCHのデータシートを読むかぎり、Reservedがゼロとは書いてありませんが、それは当然のことです。なぜなら、レジスタを初期化するのはBIOSの仕事だからです。ですので、Reservedがゼロ以外の値が入っていても仕様としては問題はありません。

しかし、「Reservedにはゼロを入れておく」という暗黙のルールが昔からあるので、ゼロを設定するのが一般的でしょう。むしろ、そうしないと「BIOSのバグ」と言われてしまうのです。

5.19.3　SPIメモリアクセス範囲

②では、RCRBベースアドレスにSPIBASE_LPTを加算しています。SPIBASE_LPTマクロは0x3800と定義されていますが、これはPCHのデータシートでそう定義されているからです。ただの即値です。

```
#define SPIBASE_LPT       0x3800
```

SPIのMMOI領域はRCRBベースアドレスのオフセット3800hから39FFhと仕様で決まっているので、大きさは0x1000（4096）バイトとなります。

③では、②で求めた値に511を足しています。

結局のところ、MMIO領域の開始アドレスが②、終了アドレスが③として、ここで扱っています。

5.19.4　いよいよ核心のコードへ

ようやく、問題の箇所に到達しました。本件で問題視されていたのは、ここの処理です。

```
/*
 * Try to make the flash chip writeable now by
 * setting BCR_WPD. It it fails we tell the driver
 * that it can only read the chip.
 */
pci_read_config_dword(dev, BCR, &bcr);
if (!(bcr & BCR_WPD)) {
    bcr |= BCR_WPD;
    pci_write_config_dword(dev, BCR, bcr);
    pci_read_config_dword(dev, BCR, &bcr);
}
info->writeable = !!(bcr & BCR_WPD);
```

　問題の修正のため、下記のコードに変更されていたことから、何らかの原因があったと考えられます。

```
pci_read_config_dword(dev, BCR, &bcr);
info->writeable = !!(bcr & BCR_WPD);
```

5.20
問題の実装をチェックする

lpc_ich_init_spi関数の下記のコードについて詳細に見ていきます。

```
u32 spi_base, rcba, bcr;

pci_read_config_dword(dev, BCR, &bcr);   ①
if (!(bcr & BCR_WPD)) {   ②
    bcr |= BCR_WPD;
    pci_write_config_dword(dev, BCR, bcr);
    pci_read_config_dword(dev, BCR, &bcr);
}
info->writeable = !!(bcr & BCR_WPD);
```

　①では、LPC I/F (D31:F0) のPCIレジスタを4byteで読み込んでいます。BCRマクロは0xDCとなっています。

```
#define BCR          0xdc
```

　オフセットが0xDCということなので、PCHのデータシートを見ると、何のレジスタかわかります。それがBIOS_CNTL (BIOS Control) レジスタです。
　このレジスタの意味を理解することで、本問題の理解につながるので詳しく説明していきます。

5.20.1 デフォルト値

　デフォルト値が20hとなっていますが、これはシステムの電源が入った直後、具体的にいうとPCの電源ボタンを押した直後、ハードウェアによって、このレジスタの初期値が 0x20 になるということです。PCにAC電源ケーブルを差した状態のことではありません。
　このことは右側にある「Power Well: Core」からもわかります。このレジスタはCPUに電源が入っている (DC ON) 状態でのみアクセス可能であることを示しています。

**BIOS_CNTRL - BIOS Control Register
(LPC I/F - D31:F0)**

オフセットアドレス: DCh
デフォルト値: 20h
ロック可能: いいえ

属性: R/WLO, R/W, RO
サイズ: 8ビット
パワーウェル: Core

ビット	説明
7:6	予約領域
5	SMM BIOS ライトプロテクト Disable(SMM_BWP) - R/WL このビットは、ホストによりBIOS領域が書き込み可能になったときに定義されます。 0 = BIOS領域のSMM保護は無効。BIOS領域は書き込み可能であり、プロセッサがSMMモードかどうかは関係がない。(0を設定するのはレガシーなやり方である) 1 = BIOS領域のSMM保護は有効。BIOS領域は書き込み不可であるが、すべてのプロセッサがSMMモードであり、かつBIOS Write Enable(BIOSWE)が1ではない場合に限る。
4	Top Swap Status(TSS) - RO このビットは、オフセット3414hのビット0にあるTop Swap bitの状態を表示するための、読み出し専用パスを提供する。
3:2	SPI Read Configuration (SRC) - RW この2bitのフィールドは、SPIインターフェイスのBIOS読み込みに関するポリシーを制御する。 Bit3 - プリフェッチを有効にする Bit2 - キャッシュを無効にする 組み合わせを以下に示す。 Bit 3:2　説明 00b　　プリフェッチはないが、キャッシュは有効である。要求された64バイトリードはバッファキャッシュに正しいデータをのせるので、同じパイプラインのフェッチに関しては高速に完了させることができる。 01b　　プリフェッチがなく、キャッシュが無効である。ホストによるBIOS読み込みと、SPIサイクルを一対一に対応させる。この値はキャッシュを無効化したいときに使う。 10b　　プリフェッチがあり、キャッシュが有効である。このモードは、連続したアドレスに対して短い読み込みを、長いシーケンスで行うときに使う。すなわち、シャドーイング。 11b　　予約ビット。これは不正な設定である。キャッシュが有効にできるのは、プリフェッチが有効であるときであるため。
1	BIOS Lock Enable (BLE) - R/WLO 0 = BIOSWEビットが0から1に変換したとき、SMIを発生させない。 1 = BIOSWEビットに1を書くと、SMIが発生してSMM_BWPがロックされる。書き込みは一度のみであり、このビットはPLTRST#でのみクリアされる。
0	BIOS Write Enable (BIOSWE) - R/W 0 = Firmware HubもしくはSPI I/Fから読み出しを行うのみ。 1 = BIOS領域に読み込みと書き込みを行うことができる。このビットが0から1に変化して、かつBIOS Lock Enable(BLE)が1の場合、SMI割り込みが発生する。これにより、SMIコードのみがBIOSを更新できる。

図5.25　BIOS Controlレジスタ

5.20.2 サイズが1byte

さて、ここでレジスタのサイズをよく見ると32bitではなく、8bitとあります。つまり、BIOS_CNTLレジスタは1byteの大きさしかないのです。

……あれ、でもpci_read_config_dword関数でレジスタを読み込んでいましたよね？

実は、この関数を使うこと自体がバグなのです。pci_read_config_byte関数という1byteだけ読み込む関数が用意されているので、こちらの関数を使うのが正解です。また、ローカル変数bcrもu32ではなくu8が正しいです。

以下に修正イメージを示します。

＜誤＞

```
u32 spi_base, rcba, bcr;
pci_read_config_dword(dev, BCR, &bcr);
```

＜正＞

```
u32 spi_base, rcba;
u8 bcr;
pci_read_config_byte(dev, BCR, &bcr);
```

本来、1byteの大きさしかないレジスタをむりやり4byteリードすると何が問題なのでしょうか？

BIOS_CNTLレジスタのオフセットは0xDCですから、そこから4byte読むということは0xDC, 0xDD, 0xDE 0xDFまで読み込むことになります。もし、0xDDから0xDFまでに別のレジスタがアサインされていると、BIOS_CNTLレジスタだけを読み込んだつもりが、別のレジスタもいっしょに読み込んでしまうことになるのです。

レジスタによっては、読み込むだけで何らかの動作を行なうものがあるので、期待外の動作を行なう可能性があります。

*

それでは、PCHのデータシートを見てみましょう。BIOS_CNTLレジスタの次には、FDCAPレジスタが配置されています。

```
FDCAP - Feature Detection Capability ID Register
(LPC I/F - D31:F0)
Offset Address: E0h-E1h
```

オフセットがE0hからになっているので、問題なさそうです。Intelとしても PCH の仕様の策定時に、誤って4byteリードしても実害がないようにしたのかもしれません。

5.20.3 bit0の意味を知る

②のif文では、BIOS_CNTL レジスタから読み込んだ値（4byte）に対して、BCR_WPD マクロでビット判定を行なっています。

```
    if (!(bcr & BCR_WPD)) {    ②
```

マクロの定義は下記のようになっているので、bit0すなわち数値で「1」を表わします。

```
#define BCR_WPD              BIT(0)
```

if文では、レジスタ値のbit0が「0」になっているかどうかをチェックしています。C言語において、&は論理積（AND）で、!は否定の意味ですね。

それでは、bit0が0かどうか見るとは、具体的にどういった意味合いなのでしょう。再度、PCHのデータシートを読み、BIOS_CNTL レジスタの説明をチェックしてみます。

5.21
BIOS Write Enableの意味

BIOS_CNTLレジスタのbit0は、「BIOS Write Enable」という説明になっていることから「BIOSの書き込みを有効にする」という意味があると読み取れます。BIOSが格納されている領域が、SPIフラッシュメモリだとした場合、OS（Linux）が起動したあと、外部からフラッシュメモリを破壊されないようにするため、通常はライトプロテクトをかけてあります。

SPIフラッシュメモリにはBIOSのほかに、Intel MEファームウェア、Gigabit Ethernetファームウェアなどが格納されており、これらは工場出荷時に書き込まれたあとは、基本的にRead-only（読み取り専用）で使われます。もし、BIOSの設定を保存する箇所がSPIフラッシュメモリであるならば、BIOSのセットアップで設定変更時にSPIフラッシュメモリが更新されます。

＊

つまり、OS（Linux）からSPIフラッシュメモリに対して書き込みできるようにするためには、最初にBIOS_CNTLレジスタのbit0を操作して、書き込みのための許可を取得する必要があります。これはIntelの仕様がそう決めていることであって、Linux（lpc_ich.c）の実装が間違っているわけではありません。

5.21.1　ビットの意味を理解する

bit0が0である場合は、以下の意味となります。通常bit0は0になっています。
0 = Firmware HubもしくはSPI I/Fから読み出しを行なうのみ。

Firmware Hubというのは、かつて使われていたBIOSの格納領域のことです。現在ではSPIフラッシュメモリが主流です。

bit0が1である場合は、以下の意味となります。
1 = BIOS領域に読み込みと書き込みを行なうことができる。このビットが0から1に変化して、かつBIOS Lock Enable（BLE）が1の場合、SMI割り込みが発生する。これにより、SMIコードのみがBIOSを更新できる。

つまり、bit0に1を書き込むことで、OS（Linux）からSPIフラッシュメモリ

に対して読み書きができるようになります。

　さて、ここで説明に続きがあります。「bit0が0から1に変化して…」とあるくだりです。この文章を読んだだけでは、なんのことやらよくわからないので、1つずつ読解を進めていきます。

5.21.2　SMI割り込みはマスクできない

　PCHデータシートの原文では、「an SMI# is generated.」となっています。

　井桁記号やハッシュ記号とも呼ばれる＃がありますが、これは割り込みを意味します。つまり、この文章は「SMI割り込みを発生させる」という日本語訳になります。

　なお、音楽記号のシャープ記号は♯ですが、＃と比べるとわかるように微妙に形が違います。割り込みの＃は、SNSでよく使われるハッシュタグのハッシュ記号と覚えておくとよいでしょう。

　SMI（System Management Interrupt）というのは、マスクできない割り込みで、CPUはこの割り込みを受け取ると、OS（Linux）で動作している処理をすべて停止させます。この動作に入ることを**SMM（System Management Mode）**と言います。

　CPUに対する割り込みは、OSが割り込みを抑止することができるものがあり、それを「**割り込みをマスクできる**」（maskable）と言います。一例としては、I/Oカードからの割り込みはマスクできます。

　反対に、OSがどう頑張っても割り込みの発生を抑止できないのが、「**マスクできない割り込み**」（unmaskable）です。この割り込みに分類されるのがSMIですが、**NMI（Non-Maskable Interrupt）**という割り込みも定番なので、SMIよりもNMIのほうが、馴染みがあるかもしれません。NMIはOSのクラッシュダンプを採取するのに使われます。

　緊急性が高い割り込みはunmaskableに分類されて、OSがどのような状態であっても、かならずCPUに割り込みが発生します。

5.21.3 SMMに移入するということ

SMI割り込みが発生してSMMに移行すると、システムはどのような状態になるのか?

このことについて下図に示しました。

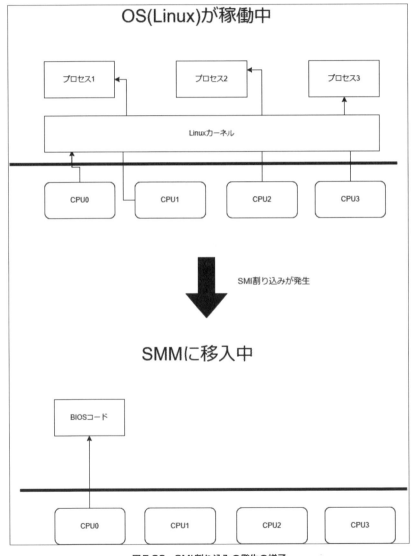

図5.26 SMI割り込みの発生の様子

　図においては、4つのCPU（論理プロセッサ）すべてを使って、OS（Linux）が稼働中であると仮定しています。5つめ以降のCPUがあったとしても、アイドル状態でまったく使っていないとします。

　このとき、CPU0はLinuxカーネルを動作させています。CPU0上で動くLinuxカーネルがBIOS_CNTLレジスタのbit0に1を書き込むことで、SMI割り込みを発生させたとします。
　すると、即座にすべてのCPUはOSの動作を停止させます。ただし、OSから見れば、自身が停止したことすら気づいていません。

　次に、CPUはメモリ領域に隠し持っていたBIOSのコードを実行させます。通常、BIOSのコードを実行させるときは1つのCPUしか使わないので、図ではCPU0のみが動いているというふうに示しています。

　システムの起動時、BIOSはブートローダーを起動するとBIOSとしての役割を終えますが、実はSMMではBIOSコードが動くので、OS（Linux）からはアクセスできないメモリ領域（ライトプロテクトあり）にBIOSコードを格納しています。

　BIOSコードは処理を終えると、制御をOSに戻します。
　OSからみれば、一時停止していたことすら気が付かないのですが、リアルの時刻（RTC）をみると少し「時が進んでいる」ように見えます。まるで漫画やアニメにでてくる時間停止魔法のようですね。

　言い換えると、SMMに移入している時間が長いと、それだけOSの性能に悪影響がでてしまうので、BIOSコードは短時間で処理を完了させる必要があるといえます。

5.22
SMMを理解する

OS（Linux）が稼働中の状態において、SMI（System Management Interrupt）割り込みが発生してSMM（System Management Mode）に移入することで、OSが完全停止して、代わりにBIOSコードが動きます。

このとき、BIOSコードはいったい何をするのでしょうか？

結論からいうと、それが何かは分かりません。BIOSの仕様が不明なので、分からないということです。オープンソースのBIOSであれば、ソースコードが開示されているので、SMMで何をやっているかはわかるかもしれません。しかし、多くのBIOSはプロプライエタリなのでソースコードは非公開です。

5.22.1 SMMの動作例

一例として、BIOSコードで、PCHのBIOS_CNTLレジスタのbit0を落としてしまう、というのがあります。以下に流れを示しました。

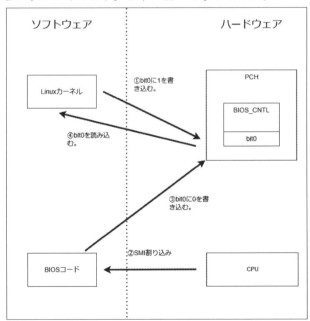

図5.27 SMMのBIOSコードがビットを落とす

①の１番目では、Linux カーネルのlcp_ich ドライバが、PCHのBIOS_CNTL レジスタのbit0に１を書き込むことで、SPIフラッシュメモリのライトプロテクトの解除を行ないます。

次に、SMI割り込みが発生してSMMに移行して、Linuxは停止して、代わりにBIOSコードが動き出します。それが②です。

そして、BIOSコードはPCHのBIOS_CNTLレジスタのbit0に０を書き込みます。SMMを終了させて、Linuxに制御を戻します。ここまでが③です。

最後に④で、Linux カーネルのlcp_ich ドライバが、PCHのBIOS_CNTLレジスタのbit0を読むと「0」になっています。

上記のフローは何を意味しているかというと、SPIフラッシュメモリのライトプロテクトを解除できないようにガードがかかっているということです。

理由としては、

・OSからSPIフラッシュメモリを更新してほしくない、そういったオペレーションをシステムとしてサポートしていない。

が挙げられます。

5.22.2 BIOS_CTNLのbit0の再確認が必要

そのため、OSとしてはPCHのBIOS_CNTLレジスタのbit0に１を書いたあと、再度読み込み、1になっているかどうかをチェックする必要があります。そういった大事なことが、PCHのデータシートには記載がないので、分かりにくいというか分からないですね。

Intelが他にも提供しているドキュメントをチェックすると、どこかに書いてあるのかもしれません。

さて、ここでLinux カーネルのソースコードをもう一度見てみましょう。

```
u32 spi_base, rcba, bcr;

pci_read_config_dword(dev, BCR, &bcr);          ①
if (!(bcr & BCR_WPD)) {
    bcr |= BCR_WPD;                             ②
    pci_write_config_dword(dev, BCR, bcr);      ③
    pci_read_config_dword(dev, BCR, &bcr);      ④
}
info->writeable = !!(bcr & BCR_WPD);            ⑤
```

③で、bit0に1を書き込みます。厳密な表現をすると、BIOS_CNTLレジスタのbit0を1にした状態で、レジスタの値（4byte）を書き込む、になります。

なお、レジスタを読み込み①、値を変更して②、レジスタに書き込む③という、この一連の流れをRMW（Read-Modify-Write）と言います。

④で、再度BIOS_CNTLレジスタを読み込みます。

そして、⑤でbit0が1かどうかをチェックします。ここで1であれば、LinuxからSPIフラッシュメモリのライトプロテクト解除が成功したことになります。しかし、0であれば、解除が認められなかったということになります。

infoはintel_spi_boardinfo構造体のポインタで、writeableはbool型になっているので、ライトプロテクトが解除できたらtrue、失敗した場合はfalseになります。

[include/linux/platform_data/intel-spi.h]
```
struct intel_spi_boardinfo {
    enum intel_spi_type type;
    bool writeable;
};
```

5.22.3　二重否定の意味

writeableメンバーに設定すると、右辺に「！！」と二重否定になっています。C言語では！は否定なので、2回否定すると肯定になります。
```
    info->writeable = (bcr & BCR_WPD);
```

二重否定を使わずに、上記のように書いても、実際のところ問題はありません。BCR_WPDはbit0（1）を表わすので、AND（&）の結果は0か1のどちらかにしかならないからです。C言語のboolはtrueが1、falseが0に読み替えることができます。

ただ、もし右辺の結果が「2以上」になった場合は、その値がそのままwriteableに代入されるので、それが都合悪いこともあります。そこで、「2以上の値」を！で一度否定して0にして、再度！で否定すると1になるので、「!!」をつけておくことで0か1に変換することができるというわけです。

5.23
根本原因を探る

　BIOS_CNTL レジスタの bit0 (BIOSWE) の説明をよく見ると、「BLEビット が1の場合」という注意書きがあります。

> 1 = BIOS領域に読み込みと書き込みを行なうことができる。このビットが0 から1に変化して、かつ BIOS Lock Enable (BLE) が1の場合、SMI割り込み が発生する。これにより、SMIコードのみが BIOS を更新できる。

　BLEビットの説明を見てみます。

> BIOS Lock Enable (BLE) - R/WLO
>
> 0 = BIOSWE ビットが0から1に変換したとき、SMI を発生させない。
> 1 = BIOSWE ビットに1を書くと、SMI が発生して SMM_BWP がロックされ る。書き込みは一度のみであり、このビットは PLTRST# でのみクリアされる。

　BLEビットは属性が「R/WLO」となっており、読み込み (Read) は何度でも行 なえますが、書き込みは一度だけ (Write Lock-Once) となっています。BIOS_ CNTL レジスタのデフォルト値は 20h ですから、BLEビットの初期値はゼロ(0) です。そこで、システムの起動 (Power ON) 時に、BIOS は BLEビットに1を 書き込みます。
　OS が起動したあと、OS からは BLEビットを0に落とすことができません。 なぜなら、「Write Lock-Once」だからです。

＊

　ここで、「このビットは PLTRST# でのみクリアされる」とあります。
　PLTRST はプラットフォームリセット (Platform reset) のことで、#はシグ ナルの意味です。つまり、OS がシャットダウンもしくは再起動 (Cold reboot) して、システムの電源が落ちる (DC OFF) ことで、BLEビットというよりも BIOS_CNTL レジスタがデフォルト値に戻ります。

　システムに電源が入り (DC ON)、BIOS が起動すると、BIOS はレジスタを 初期化して、BLEビットに1を書き込みます。このような仕組みで、BIOS以 外には0にすることはできないようにガードがかけられています。

5.23.1 根本原因はなんだったのか

Ubuntu 17.10で問題とされたのは、BIOS_CNTLレジスタのbit0を1にする処理です。

しかし、この処理はIntelの仕様に準拠した、正しい実装なので、ソフトウェアとして正しい動作となります。問題が再現する環境において、レジスタの値がいくつだったのかはわかりませんが、おそらく、

bit5	1
bit4	X
bit3:2	X
bit1	1
bit0	0

になっていたと思われます(XはDon't care)。

Ubuntu 17.10をインストールして、初めて起動したときにlpc_ichドライバが動作して、BIOS_CNTLレジスタのbit0に1を書き込みました。SMI割り込みが発生して、BIOSコードがSMMで動いたのだと思うのですが、ここでBIOSが不整合な状態になったのでしょう。

推測の域を出ないので、これ以上の追求は不可能です。

5.23.2 削除された処理はその後復活

Linuxカーネル4.14では、bit0に1を書き込む処理が削除されました。下記のようにレジスタを一度読み込むだけです。info->writeableはfalseにしかならないので、SPIフラッシュメモリの制御はできないということになります。

```
u32 spi_base, rcba, bcr;

pci_read_config_dword(dev, BCR, &bcr);
info->writeable = !!(bcr & BCR_WPD);
```

元々、正しい実装であるはずなので、その後どうなったかを最先端のLinuxカーネルをみると、答えがわかります。

Linuxカーネル6.5.5の実装を覗いてみます。

```
[drivers/mfd/lpc_ich.c]
static int lpc_ich_init_spi(struct pci_dev *dev)
{

    case INTEL_SPI_LPT:
        pci_read_config_dword(dev, RCBABASE, &rcba);
        if (rcba & 1) {
            ...
            info->set_writeable = lpc_ich_lpt_set_writeable;
            ...
        }
        break;
}
```

元々あった初期化処理が関数化されています。

```
[drivers/spi/spi-intel.c]
static int intel_spi_init(struct intel_spi *ispi)
{
    /* Try to disable write protection if user asked to do so */
    if (writeable && !intel_spi_set_writeable(ispi)) {
        dev_warn(ispi->dev, "can't disable chip write protection\n");
        writeable = false;
    }
}
```

writeable というフラグが有効で、かつ BIOS_CNTL レジスタの bit0 に 1 を立てられた場合、という条件に変わっています。

```
static bool writeable;
module_param(writeable, bool, 0);
MODULE_PARM_DESC(writeable, "Enable write access to SPI flash chip
(default=0)");
```

writeable フラグを見ると、デバイスドライバ (Intel PCH/PCU SPI flash core driver) のコマンドラインパラメータです。デフォルトは false なので、SPI フラッシュメモリを制御したい場合は、明示的にパラメーターを指定する必要があります。

過去の苦い経験を踏まえて、問題の実装は復活させつつも、デフォルトで無効化となるように工夫されていることがわかります。

あとがき

　私が初めてパソコンを触ったのは、高校に入ってから。それまでワープロ(ワード・プロセッサ)は使ったことはあるものの、文書作成以上の使い方はできていませんでした。1991年(平成3年)〜1993年(平成5年)までの高校時代は、インターネットやスマホなんてものはなく、紙の雑誌と書籍しか教材がありませんでした。

　パソコンの魅力に取り憑かれてしまった自分は、貪るように雑誌や本を読み込みました。
　大学生になってからはアルバイトもできるようになったので、なけなしのバイト代を雑誌や本の購入に注ぎ込みました。

　こうした経緯もあって、自分でも雑誌の記事を書いてみたい、ゆくゆくは本も書いてみたいと強く思うようになりました。若い頃はお金が目当てではなく、自分のやりたいことを優先するという思考が強かったように思います。

＊

　そんな思いもあり、2001年(平成13年)に工学社さんから「本を書かないか?」というオファーが来たときはガッツポーズでした。
　本を出版したことで、他の出版社からもオファーが来るようになり、これまで31冊の本を上梓しました。そして、本書は32冊目の本となります。

＊

　私は長年仕事でC言語とLinuxカーネルを使ってきたこともあり、やはり本を書くなら「C言語とLinuxカーネル」が書きやすいのです。
　Linuxカーネルの世界は広大すぎて、何をトピックとして取り上げればいいか、いつも悩みます。しかし、仕事で経験していないことは書けないので、自分の経験則をもとに書きたいテーマで書くことになります。

　そんな感じで、今回もマニアックな本に仕上がりました。
　私としては初心者向けの入門書よりも、現場のITエンジニアに読んでほしい本を書きたいのです。この本を読んで何か役に立つことがあるかどうかはわかりませんが、少しでも楽しんでもらえたら幸いです。

《著者略歴》

平田　豊（ひらた・ゆたか）

1976年兵庫県生まれ。石川県在住。
兵庫県立龍野高等学校理数コース、神戸大学工学部情報知能工学科卒業後、
上京して日本電気株式会社に入社。
ハードウェア部門で20年勤務後に自己都合退職し、フリーランス（個人事業主）
として独立起業。執筆活動歴は20年以上で、著書は32冊。
フリーランスの屋号はYOULAB（ユウラボ）。
事業内容は組み込みソフトウェア開発、書籍や雑誌の執筆、講演や講師など。

［連絡先］

メールアドレス：yutakakn@gmail.com
クラウドワークス：https://crowdworks.jp/public/employees/2224566

［著書］

「C言語は第二の母国語～独学学生時代から企業内IT職人時代に培った、独立のための技術とノウハウ～」	
「ベテランプログラマーが伝授！現場で20年使える「C言語」入門」（工学社）	
「プログラム言語の掟」（共著）	
「Linuxデバイスドライバの開発」	
「Linux技術者のためのC言語入門」	
「Linuxカーネル「ソースコード」を読み解く」	（以上、工学社）
「私はどのようにしてLinuxカーネルを学んだか」	（まんがびと）
「超例解Linuxカーネルプログラミング」	（C&R研究所）
「Linuxデバイスドライバプログラミング」	（SBクリエイティブ）
「C言語 逆引き大全 500の極意」	（秀和システム）
「平成15年度 ソフトウェア開発技術者 独習合格ドリル」	
「これからはじめるPerl&CGI入門ゼミナール」	（以上、ソーテック社）

本書の内容に関するご質問は、
①返信用の切手を同封した手紙
②往復はがき
③E-MAIL　editors@kohgakusha.co.jp
のいずれかで、工学社編集部あてにお願いします。
なお、電話によるお問い合わせはご遠慮ください。

サポートページは下記にあります。

［工学社サイト］
https://www.kohgakusha.co.jp/

I/O BOOKS

基礎からの「Linuxカーネル」
Linuxの概要からトラブルの調査検証まで

2024年7月25日　初版発行　©2024	著　者　平田　豊
	発行人　星　正明
	発行所　株式会社工学社
	〒160-0011　東京都新宿区若葉1-6-2 あかつきビル201
	電話　（03）5269-2041（代）［営業］
	（03）5269-6041（代）［編集］
※定価はカバーに表示してあります。	振替口座　00150-6-22510

印刷：(株)エーヴィスシステムズ　　　　　　　　　　　　　　ISBN978-4-7775-2278-1